Michael Fink, Antje Bostelmann

Das Kindergartenatelier

Malen, Bauen und Erfinden

Impressum

Das Kindergartenatelier
Malen, Bauen und Erfinden

Autoren
Michael Fink, Antje Bostelmann

Titelfoto / Fotos
Barbara Dietl – www.dietlb.de
Katharina Ain, Anette Muhrbeck,
Ferdinand Bostelmann, Barbara Bondzio

Gestaltung
Annika Zipperling

Lektorat
Katharina Koch

Druck
Druckerei Uwe Nolte, Iserlohn
Gedruckt auf chlorfrei gebleichtem Papier

Verlag
Bananenblau –Der Praxisverlag für Pädagogen
Bananenblau UG (haftungsbeschränkt)
Arkonastr. 45-49
13189 Berlin

Telefon: 030 477 96 0
Fax: 030 477 96 204
E-Mail: info@bananenblau.de
www.bananenblau.de

ISBN 978-3-942334-17-4

BANANENBLAU
Der Praxisverlag für Pädagogen

Die Atelierprojekte aus diesem Buch sind in Klax Einrichtungen entwickelt und durchgeführt worden, sie entsprechen den Grundsätzen und Anforderungen der Klax Pädagogik.

Inhalt

Vorwort

„Wenn ich wüßte, was Kunst ist, würde ich es für mich behalten.“
(Pablo Picasso)

„Wir malen jetzt Frau Holle!", erzählt die Tochter freudig, als sie aus der Schule kommt. „Den Kopf und die Arme haben wir schon gemalt, und nächste Woche zeigt uns die Lehrerin, wie man das Kissen mit dem Schnee malt!" Keine ungewöhnliche Schul-Geschichte ist das, und gerade das stimmt traurig, wo doch all das falsch gemacht zu werden scheint, was man in Bezug auf Kinder und Kunst falsch machen kann: Nicht nur das Thema ist vorgegeben, sondern auch die Umsetzungsweise. Das Bild wird im Gleichschritt gemalt. Weitergearbeitet wird im Wochenrhythmus, und über die Wahl der Technik entscheidet alleine die Lehrerin.

Dieses Buch will zeigen, wie es anders geht. Wir stellen vor, wie Kindergartenkinder in Ateliers oder Mal-Ecken große oder kleine, technisch komplizierte oder ganz einfache Bilder herstellen können, mit bekannten Themen oder ganz ungewöhnlichen Bildideen. Manchmal gab es direkte Anleitungen, manchmal eine technische Vorgabe, oft jedoch nur Inspiration und Raum und Zeit zum Malen. Immer haben wir es mit Kindern zu tun, die über die Gestaltung ihrer Werke mit großer Selbstverständlichkeit entschieden und voller Selbstvertrauen ans Werk gingen. Kinder, die nicht einfach nur Anweisungen der Pädagogen umsetzten, sondern sich aktiv von der Atelierpädagogin Tipps und Ideen holten und ihr quasi die Gunst erwiesen, sie an ihren „Projekten" teilhaben zu lassen.

Es sei immer wieder spannend, erzählten die Atelierpädagoginnen, den Entstehungsprozess der Bilder mitzuverfolgen und zu erleben, wie und wann sich Kinder für bestimmte Techniken entschlossen und wie sich die Bildthemen beim Malen und Gestalten veränderten. Auf andere Art spannender war es, sich die Vielfalt von genutzten Lernchancen ins Bewusstsein zu rufen, die für die Kinder dabei entstanden, wenn sie vordergründig Hexenbilder malten oder Türme errichteten – und hintergründig die Konsistenz der Tusche untersuchten, Statik austesteten oder ihre Sicht auf die Welt überprüften, indem sie diese auf das Papier brachten.

Immer wieder zeigte sich die Erkenntnis: Im Kindergartenalter lernen Kinder vor allem, indem sie Dinge gestalten. Für dieses Gestalten wenden sie all ihre just erworbenen Fähigkeiten an, und in jeder Gestaltung steckt der Versuch, die Dinge durch Nachschöpfen begreifbar zu machen. Nicht umsonst steckt im Begriff „Bildung" das Wort „Bild"! Das Arbeiten im Atelier ist also gerade für Kindergartenkinder ein ungeheurer Schatz, und den gilt es nutzbar zu machen: Indem wir erwachsenen Begleiter einen funktionstüchtigen, für alles offenen Malraum und gute Materialien bereitstellen. Indem wir Kindern viele tolle Techniken zeigen, die die Lust auf Gestaltung immer wieder entfachen. Indem wir sie auf Ideen bringen. Bei all dem möchten wir Sie mit diesem Buch, entstanden aus der Mitte vieler Atelierpädagoginnen, kräftig unterstützen. Schreiben Sie uns, welche Erfahrungen Sie sammeln!

Ihr Michael Fink und Ihre Antje Bostelmann

Um den Lesefluss nicht zu behindern, haben wir im Fließtext meistens die weibliche Form gewählt. Es dürfen sich aber immer beide Geschlechter angesprochen fühlen.

Eine Frage vorab: Geht es um Kunst?

Von „kleine Künstlern" hören wir, der Malraum heißt „Atelier", eine Bilderwand im Kindergarten nennt man „Galerie": Wenn es um das malende, bauende, gestaltende Kind im Kindergarten geht, gehen uns die Kunstbegriffe schnell von den Lippe. Am klarsten hat es Pablo Picasso benannt, von dem folgendes Zitat stammt: „Als Kind ist jeder ein Künstler. Die Schwierigkeit liegt darin, als Erwachsener einer zu bleiben." Welch ein schönes Bild vom Kind, das aus sich heraus reine Kunst schafft – aber passt das, was wir unter Kunst verstehen, überhaupt zu den Zielen, mit denen sich Kinder ans Malen begeben?

Fragt man Kinder nach den Gründen, warum sie gerne malen und bauen, kommen selten Antworten, die zu einem erwachsenen Kunstbegriff passen. Die Kleinen stellen Objekte und Bilder fast nie her, um sie anderen zu zeigen, um ihre Sicht auf die Dinge dem Betrachter über den Umweg des Kunstwerkes mitzuteilen. Kinder malen, matschen, formen und bauen in der Regel aus zwei, drei Gründen: Es macht Freude, mit den Materialien zu hantieren, sie vielleicht auch beim Bearbeiten sinnlich zu erfahren. Das Malen und Bauen ermöglicht Kindern, ihre inneren Bilder, ihre Vorstellungen, ihre Gedanken betracht- und sichtbar zu machen: Auf dem Bild entstehen Situationen, die man sich genau ansehen möchte, werden Gefühle nacherlebt oder

Erlebnisse durch das erneute Ablaufenlassen analysiert. Die Gründe für das Malen unterscheiden sich damit kaum von denen für das Verkleiden oder das Arrangieren von Playmobil®-Figuren.

Gewiss, es fühlt sich ähnlich an, ob nun Kinder oder Erwachsene vor Staffeleien stehen und malen. Beide eint die Freude, sich einem relativ ungezielten Rausch an Farb- oder Materialerfahrungen hinzugeben. Aber das liegt weniger daran, dass die Kinder wie die Erwachsenen Kunst machen, sondern beruht eher darauf, dass die Erwachsenen bei kreativer Beschäftigung wieder erleben können, was es heißt, zu spielen. Wie zu Kindertagen spielen sie beim Malen, nur dass die damit verbundenen Lernerlebnisse eher dem Gefühl des Erholens gewichen sind.

Viele Erwachsene – bis hin zu den Verfassern von Bildungsplänen – übertragen aber genau diese Erhol-Funktion von kreativem Tun auf die Kinder. Das führt dann dazu, dass der Bildungsbereich „Kunst“ neben Bereichen wie „Naturwissenschaft“ oder „Schriftkultur“ steht, die schon vom Namen her viel wichtiger klingen. Und so werden Kinder zum Beispiel, statt im Mal-Atelier tätig werden zu können, in Experimentierkursen auf spätere Forschertätigkeit vorbereitet: Kunst ist eben Freude, Naturwissenschaft ist der Ernst des Lebens. Ignoriert wird dabei, dass das Experimentieren-Können für viele Kinder eine der Hauptbetätigungen beim Malen ist.

Nein, eigentlich machen Kinder keine Kunst. Höchstens in einem sehr ursprünglichen Sinne, etwa dem Ur-Sinn des Wortes, was eigentlich nur eine Anwendung dessen meint, was man kann: Kinder wenden beim Malen ihre schon erworbenen Fähigkeiten an, um etwas Sichtbares herzustellen. Am ehesten erinnert das, was Kinder in einem guten Atelier tun können, an das Schaffen Leonardo da Vincis, der neben Auftragsgemälden in seinem Atelier eben auch Ideen für utopische Flugmaschinen und Autos auf Papier bannte, an deren Umsetzung nicht zu denken war.

Kinderateliers, in denen keine Kunst gemacht wird – diese Aussage ist leider kaum vermittelbar. So sollten wir akzeptieren, dass weiterhin von „kleinen Künstlern“ gesprochen wird. Aber wir sollten in den Ateliers mit Worten und guten Dokumentationen vermitteln, worum es den Kindern und Pädagogen wirklich geht: Um einen Ort, an dem gelernt wird, indem Dinge gestaltet werden. Ein Ort, an dem Kinder begreifen, was es heißt, das Gelernte anzuwenden, um etwas herzustellen. Ein Ort der Bildung, an dem Bilder entstehen.

Atelier gleich Kreativität? Eine Begriffsklärung

Noch so ein Satz, den man oft sagt, lautet: „Beim Malen können die Kinder ihre Kreativität ausleben!" Was ist sie eigentlich genau, diese Kreativität, woher kommt sie, und kann man sie unweigerlich ausleben, sobald man nur einen Pinsel in die Hand nimmt? Weil der Begriff „Kreativität" im Zusammenhang mit Gestaltung so häufig verwendet wird, soll er hier geklärt werden. Auch, um davon ausgehend Folgerungen für unsere Arbeit zu ziehen!

„Kreativität" bezeichnet die Fähigkeit, sich etwas Neues auszudenken. Keineswegs nur beim Malen oder Gestalten: Jeder, der einen guten neuen Einfall hat, wie man ein kleines oder großes Problem lösen könnte, verdankt dieses schöne Erlebnis einem kreativen Prozess. Übersetzt bedeutet „creare" „schöpfen", und somit ist laut Bibel, Koran oder Talmud Gott der erste Kreative, erschafft er doch aus dem Nichts eine Welt.

Im Atelier und Außerhalb: Kreative Denkprozesse

Etwas aus dem Nichts erschaffen – für die Kreativität des Menschen trifft das nicht zu. Forscher haben ermittelt, wie kreative Denkprozesse ablaufen und unter welchen Rahmenbedingungen sie erfolgreich sind. Sie haben festgestellt, dass der Einfall, der Gedankenblitz, die „rettende Idee“ zwar für uns eindrucksvollster Beweis für Kreativität ist. Aber eigentlich ist dieser kurze, beglückende Moment nur Folge langer Vorbereitungsphasen und nur der Beginn einer intensiven Beschäftigung mit der Umsetzung der Idee.

Ob wir auf gute Ideen kommen, hängt von dem ab, was wir in dieser Vorbereitungsphase erleben. Kreative Ideen entstehen, wenn das Gehirn viele Eindrücke und Wahrnehmungen verknüpft und dabei plötzlich eine besonders gute Kombination von solchen Gedanken entdeckt. Damit viel Material im Gehirn verknüpft werden kann, muss das Gehirn zuvor entsprechendes „Futter“ bekommen, also viele Eindrücke aufnehmen können. Das heißt praktisch: Um kreativ werden zu können, muss unsere Wahrnehmung eine Weile angeregt werden. Kinder wie Erwachsene werden kreativ, wenn sie sich in Räumen aufhalten, in denen es etwas zu sehen, zu spüren und zu stöbern gibt oder wenn sie interessante Erzählungen oder Klänge hören.

Folgerung für das Atelier:

„Malt mal, was euch einfällt!“ ist kein guter Kreativ-Impuls. Um sie auf kreative Ideen zu bringen, müssen wir Kinder im Atelier mit vielen Sinnen anregen: Geschichten vorlesen, Bilder zeigen, Musik vorspielen. Sie in Büchern stöbern und erzählen lassen, sie zum Spielen anregen und ihre Ideen einbinden. Und sie müssen Zeit haben, um spannende Materialien ausgiebig zu untersuchen: Durch Fühlen, Ordnen und Bespielen, durch zielloses Ausprobieren.

Typisch für kreative Einfälle ist, dass sie uns überfallen, statt zäh und hart erarbeitet zu werden. Kreativität ist das Ergebnis unbewusster Denkprozesse. Die beschriebenen Gedankenverbindungen stellen wir nämlich nicht bewusst her, sondern das Gehirn arbeitet von selbst weiter, während wir gar nicht mehr aktiv mit einer Lösung eines Problems beschäftigt sind. Die Folgerung daraus kann pädagogisches Arbeiten enorm verändern: Um Kinder wie Erwachsene kreativ werden zu lassen, ist es wichtig, nicht immer ein klares Ziel vor Augen zu haben, das man dann die ganze Tätigkeit über im Kopf hat. Es hilft der Kreativität, wenn man sich beim Tun etwas „verliert“, wenn man eine Weile ziellos und ohne Erfolgsdruck tätig sein darf.

Folgerung für das Atelier:

„So, jetzt fängt aber bitte jedes Kind an!“ – auch das gefährdet mitunter kreative Prozesse. Bei kreativen Aufgabestellungen im Atelier muss es möglich sein, sich Zeit zu lassen, wenn man noch nicht den guten Einfall gehabt hat. Dafür sollte ebenfalls Material da sein: für das Stöbern und ziellose Spielen. Vielen Kindern tut es auch gut, einfache Hilfstätigkeiten im Atelier auszuführen, um unbewusst ihre Idee reifen zu lassen: „Wer noch nicht genau weiß, was er malen will, kann mir mal beim Farben anrühren helfen!“
Überhaupt der Erfolgsdruck: Ob dem kreativ Denkenden das Gehirn die gute Idee verrät, hängt nicht unwesentlich davon ab, ob wir die Schere, die wir uns vorstellen, in den Griff kriegen. Wenn Kinder wie Erwachsene immer gleich denken, die gerade entwickelte Idee tauge sowieso nichts, wird es nichts mit der Kreativität. Noch schlimmer ist, wenn wir das gesagt bekommen, weil es ohnehin schon eine richtige Lösung für das

vom Lehrenden aufgegebene Problem gibt. Nein, Kreativität braucht ein Klima, in dem es keine Angst vor negativer Bewertung, vor dem „Richtig oder Falsch?“ gibt.

Folgerung für das Atelier:

„So geht das nicht!“ passt nicht zu Kreativität im Atelier. Es ist generell nicht gut, wenn wir schon eine konkrete Vorstellung vom Ergebnis unseres künstlerischen Angebots im Kopf haben. Angebote im Atelier sollten immer offenen Charakter haben, sollten den Kindern Impulse geben, was man machen könnte.
Und gerade in Auswertungsrunden müssen wir vermeiden, dass die Kinder das Gefühl haben, einzelne Arbeiten seien besser, richtiger oder eher am gewünschten Vorbild der Ateliererzieherin.

Wenn uns der kreative Einfall überfällt, wollen wir ihn so schnell wie möglich ausprobieren und umsetzen. Forscher sagen, dass kreative Einfälle Adrenalinstöße auslösen können: Eben noch Leere im Kopf und Antriebsarmut – und jetzt plötzlich Energie und Ideen im Übermaß! Für die pädagogische Begleitung von kreativen Kindern wie Erwachsenen bedeutet das: Wir müssen vorbereitet sein, dass plötzliche Ideen sofort umgesetzt werden wollen. Es muss Zeit sein, Ideen ausprobieren zu können und es muss Material da sein, mit dem man diese Ideen umsetzen kann.

Folgerung für das Atelier:

Ja, es nervt, wenn Kinder etwa 10 Minuten vor dem Aufräumen plötzlich den absolut besten Einfall der Welt haben, der ungeachtet von Aufräum- und Mittagessenzeiten sofort angegangen werden muss! Aber Kinderateliers, die sich als Ort der Kreativität verstehen, sollten zumindest das Mögliche an Freiräumen rausholen: Zum Beispiel, indem die Kinder den Raum außerhalb der Angebotszeiten nutzen können, weil ihnen Regeln um verantwortungsvollen Umgang mit dem Material bekannt sind. Oder indem sie auch am Dienstag ihr Papphaus weiterbauen können, obwohl dann ihre Gruppe eigentlich zum Turnen geht. Das Ergebnis lohnt sich!

Das Atelier – mehr als ein Ort für Gestaltung

Ein Atelier kann viele Orte vereinen. Ein paar haben wir hier versammelt:

Das Atelier als Café: Ins Gespräch kommen

Sich irgendwo niederlassen, außerhalb des Trubels, um miteinander ins Gespräch zu kommen, um gemeinsam zu deuten, was man gerade erlebt hat: Wie Erwachsene im Café Muße finden, treffen sich Kindergartenkinder manchmal an Mal-Orten. Statt gemeinsam zu essen und zu trinken – das entspricht ihnen noch nicht – malen und zeichnen sie gemeinsam. Und statt Bilder mit Worten zu zeichnen, wie es erzählende Erwachsene können, malen sie diese und sprechen dann darüber. Was Ko-Konstruktion bedeutet – Kinder entwickeln gemeinsam Deutungen von dem, was sie in der Welt wahrgenommen haben – wird in solchen Ateliersituationen besonders deutlich: Kinder geben hier, wenn sie zu zweit oder dritt malend am Tisch sitzen, ihren Wahrnehmungen Ausdruck und stellen sie zur Diskussion.

Das Atelier als Büro: Etwas mit Papier machen

Erwachsene nehmen Papier sehr ernst, könnte man aus Sichtweise von Kindern sagen: Auf ihrer Arbeitsstelle laufen sie mit immer gleich geformten Blättern herum, beschreiben sie oder nehmen sie aus dem Drucker und geben sie anderen Großen zu lesen. Kein Wunder, dass das Papier-und-Stift-Handeln der Erwachsenen Kindern als würdevolle Geste vorkommen mag, die es nachzumachen und damit nachzuempfinden gilt: Jüngere wie ältere Kinder nutzen das Atelier als Ort, an dem sie Papier und Stift, Kritzel-Linie und nachgemalte Buchstaben als Instrumentarium für ihr Rollenspiel nutzen.

Das Atelier als Theater: Eine Handlung nachspielen, ein Stück aufführen

Erst ist die Bühne ganz leer, dann kommt ein dünnes Männchen irgendwo her, bis später das Bühnenbild immer kompletter wird und sich mehr und mehr Darsteller auf dem Bild drängen: Immer wieder malen Kinder gemeinsam oder im Zwiegespräch mit sich selbst Bilder, die eigentlich eine ganze Filmhandlung wiedergeben, weil sich das Bild beim Malen immer weiter verändert. Papier ist dafür sehr geduldig. Bei kleineren Kindern ist auch das Ende der Geschichte sehr filmreif: Der Vorhang fällt zu, indem das Bild am Ende zusammengefaltet oder eingerollt wird. Erwachsene verstehen oft nicht, warum Kinder ihre Bilder derart „beschädigen", während es Kinder vermutlich wundert, dass malende Erwachsene die Handlung auf ihrem Bild mittendrin stehen lassen....

Das Atelier als Baustelle: Etwas errichten

„Jo, wir schaffen das!" Das Atelier kann nicht nur für Baumeister-Bob-Freunde ein Ort sein, in dem man dieses Bedürfnis ausleben kann: Etwas schaffen, etwas verändern durch Ideenreichtum und Kraft. In den anderen Räumen des Kindergartens können Kinder vielleicht die Ordnung verändern, etwas umstellen und damit Räume erschaffen, wie vielleicht ein Schiff aus Tisch und Stühlen. Aber was dort entsteht, hat immer vorläufigen Charakter, denn am Ende

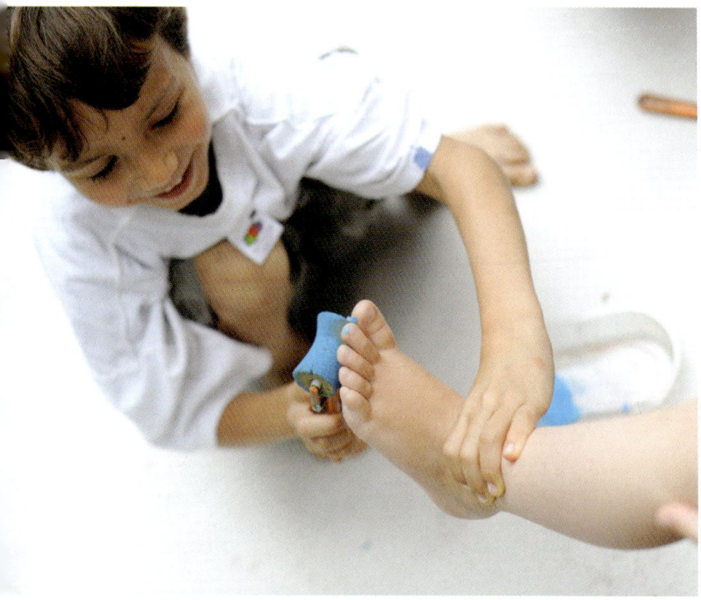

wird alles wieder zurückgeräumt. Im Atelier können dagegen Vorhaben begonnen und beendet werden, die deutlich höheren Ernstcharakter haben: Materialien werden fest miteinander verbunden, vielleicht geschnitten, bemalt oder umgeformt. Und das Ergebnis zeigt, was die Erbauer an Arbeit geleistet und an Tricks ersonnen haben.

Das Atelier als Labor: Materialien untersuchen

Mit welchem rohen Material können Kinder Erfahrungen sammeln? Nicht Spielzeug, nicht gesägter Bauklotz, sondern einfach eine Masse, die fester oder flüssiger ist, vielleicht klebt oder tropft? Die nicht gestaltet, sondern irgendwie farbig ist und diese Farbigkeit auch verändert, wenn man sich einen guten Trick ausdenkt? Viel zu selten wird bei aller Sorge um das gute Material oder die sauberen Bekleidungsstücke darüber nachgedacht, dass Kinder handelnden Umgang mit solchen ganz basalen Massen brauchen, wie z.B. Farbe oder Ton. Materialien, die ungestaltet nichts sind, aber alles Mögliche werden können. Und deren Veränderungsprozess man stundenlang untersuchen kann. Mit Farbe und Wasser können Kinder – gut kann man das in Jahreszeiten beobachten, in denen Rausgehen seltener möglich ist – ungefähr das fortführen, was ihnen Sandplatz, Erde und Gartenschlauch ermöglichen: Fließen lassen, Klumpen, Vermatschen, Trocknen lassen. Vielen Kindern reicht dieses Erlebnis.

Das Atelier als Spiegelwand: Mich selbst betrachten und erkennen

Wie sehe ich aus, und wie mag es aussehen, wenn ich mich durch meine Welt bewege? Wie wäre ich wohl, wenn ich ein anderer wäre, anders aussähe und lebte? Wie eine Umkleidekabine mit großem Spiegel, in die man ein paar ziemlich verrückte Kleidungsstücke mitnimmt, können wir uns das Atelier vorstellen, denn Kinder malen und gestalten viel, um sich zu sehen. „Ich, als ich noch klein war“ oder „Ich als Prinzessin, in meinem Palast“, sagen sie dann zu den entstandenen Bildern. Oftmals geht es darum: Von sich selbst ein Bild machen, um dann betrachten zu können, was man beim Erleben noch nicht vollends verstanden hatte.

Das Atelier als Spielraum

Ganz banal und doch so richtig: Spielen, die Haupt- und Lieblingsbeschäftigung von Kindergartenkindern, kennt wenig Raumgrenzen. Sie in einen Spielraum zu stecken und für andere Tätigkeiten andere Räume zu reservieren – funktioniert das? Die Kinder verneinen das eindeutig durch ihr Tun: Alle Formen des Spiels finden, auch wenn wir sie nicht mit „erwachsenen" Vorstellungen von Kunst traktieren, im Atelier statt. Scheinbar zweckfrei, in Wirklichkeit aber das klare Ziel des Nachmachens und Verstehens der Realität vor Augen habend, verbringen Kinder Zeit mit Farbe, Pinsel, Schere oder Pappe. Dass dabei wunderschöne Ergebnisse herauskommen und wie Zeugen vom stattgefundenen Spiel und von der Hingabe der Kinder berichten, mag uns freuen und uns gut tun. Aber im Grunde sind Bilder und Skulpturen nur die sichtbare Form von sonst ebenso schönen und beeindruckenden unsichtbaren Spielmomenten: Wenn Kinder „Familie" im fantasierten Haus spielen, das nur aus dem Raum unter der Tischoberfläche besteht, dann könnte dieser erdachte Raum genauso beeindruckend von der gemeinsam ausgedachten Welt der Kinder künden. Er ist genauso Kunst wie das davon gemalte Bild.

Orte für Gestaltung brauchen selbst Gestaltung: Sieben Regeln für Ateliers und Mal-Plätze

In Kindergärten erleben wir ganz unterschiedliche Orte, an denen Kinder malen: Vom Ess- und Spieltisch im engen Gruppenraum, der mit einer besonderen Plastikdecke versehen wird bis zum Atelierraum, der so vollgestopft und chaotisch aussieht, als sei ein urtümlicher Künstler mit Kittel und Baskenmütze gerade mal kurz hinausgegangen...
Was ist praktisch, um Kinder für das Malen und Gestalten zu begeistern? Welche Grundsätze bei der Raumgestaltung sollten berücksichtig werden, um sich die Arbeit nicht extra schwer zu machen? In diesem Text stellen wir anhand von sieben Regeln vor, welche Grundsätze Sie bei der Gestaltung großer Ateliers wie auch kleiner Mal-Ecken berücksichtigen sollten, um aus Ihren Räumen das Beste herauszuholen.

Gutes Papier und hochwertige Stifte

Viel zu schade zum Wegwerfen, das ganze einseitig bedruckte Papier und die Fehldrucke aus dem Büro? Richtig: Man sollte es weiter verwenden – zum Beispiel, um es umgedreht in den Bürodrucker zu legen und die andere Seite zu bedrucken. Im Kinderatelier haben unsere Abfälle hingegen nichts zu suchen! Die Kinder sind nicht dafür da, unsere Verschwendung zu rechtfertigen, und zum Malen ist beidseitig weißes, möglichst auch festes Papier einfach besser. Leider finden sich in Kindergarten-Mal-Ecken landauf und landab immer wieder solche schlechten Mal-Gründe, genau wie stumpfe Bunt- und trockene Farbstifte. Das ist vielleicht sparsam, aber auf jeden Fall unfair. Malen und Zeichnen sind für Kinder wichtige Tätigkeiten, die sie auch motorisch herausfordern, und das geht mit qualitativ gutem Material einfach deutlich besser als mit Mal-Müll.

Erste Atelierregel sei also:

Wie du aus gutem Grund den Kindergarten nicht mit Sperrmüll ausgestattet haben möchtest, sollst du auch im Atelier großzügig sein und hochwertiges Material anbieten.

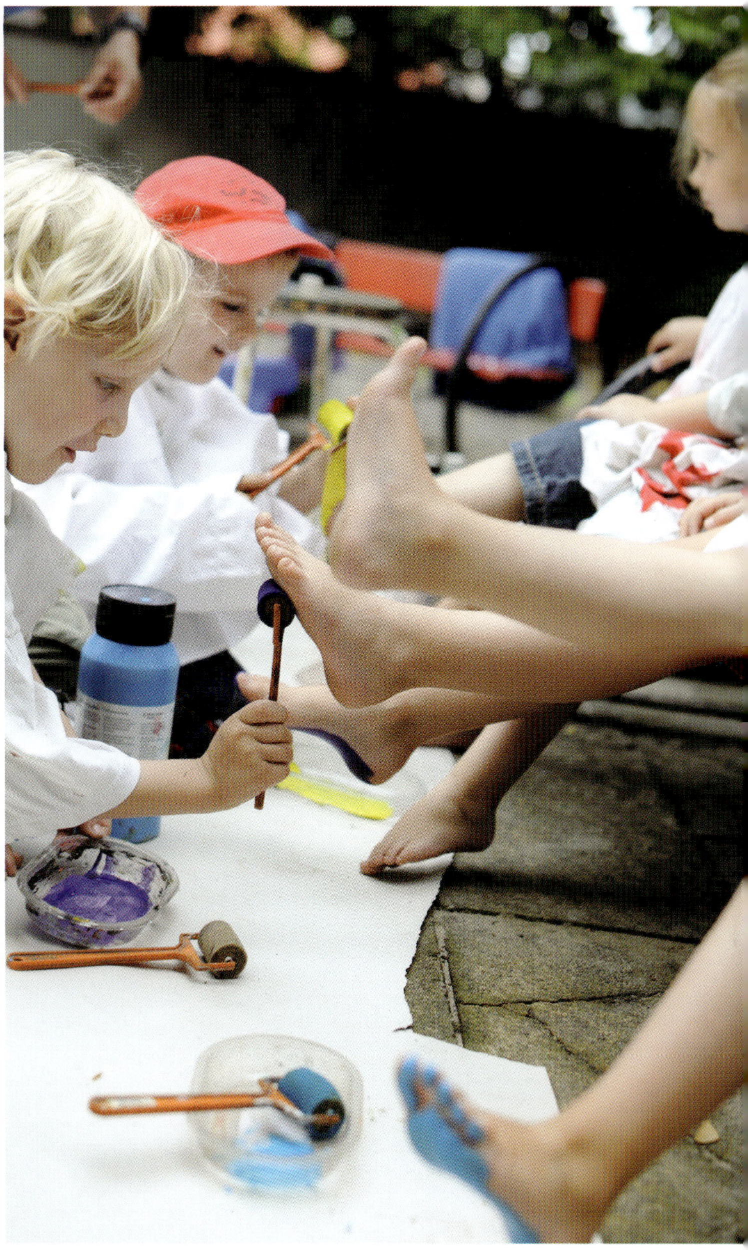

Hat Format, aber nicht immer das gleiche: Das Papier

Normung zahlt sich aus: Briefumschläge, Druckerschächte und Kopierer brauchen genormte Papiergrößen, am besten im DIN-A4-Format und einem Papiergewicht von 80g/qm. Kinder, so stellen wir immer wieder fest, lieben beim Thema Papierformat die Vielfalt: Riesige A0-Posterformate eignen sich dafür, mit ganzem Körpereinsatz und großen Pinsel scheinbar uferlose Bilder zu malen. Quadratische Mittelformate fordern sie zu ganz anderen Lösungen heraus als ein Papierstreifen, der vielleicht einen Meter lang, aber nur zehn Zentimeter breit ist. Und wem würde nichts einfallen, wenn er ein farbiges, kreisrundes Papier erhält?

Zweite Atelierregel sei also:

Überrasche deine Kinder mit guten, interessanten Papieren in allen verfügbaren Größen, statt sie mit A4 zu langweilen.

Keine Angst vor Klecks, Spritzer und Co!

Ja, es tut manchmal weh, kleinen Kindern beim Malen zuzusehen: Wie die schon wieder den Pinsel hält – gleich ist der Boden fleckig! Mal-Angebote mit viel Farbe und dickem Pinsel, scheitern sehr oft daran, dass Pädagogen keine Lust auf die Nacharbeit haben: Hier wischen, das einweichen...
Weil wir auch keine Lust darauf haben: Es lohnt sich, im Vorfeld gut darüber nachzudenken, wie man Verschmutzungen vermeidet, bevor man anfängt. Warum nicht die Kleinen mit alter Regenhose und Gummistiefeln – statt mit knapper Schürze, an der alles vorbei geht – malen lassen? Warum nicht den ganzen Boden mit der Plane abdecken, statt wieder nur auf die Achtsamkeit der Kinder und die Plastiktischdecke zu vertrauen? Und wie wäre es, statt wackeligen Joghurtbechern als Wassergefäße eine schwere, flache Gipsmulde zu nutzen, die keinem Kind im Eifer des Gefechts umkippt?

Dritte Atelierregel sei:

Aufgabe der Kinder ist es, sich auf die Malerei zu konzentrieren. Verschmutzung zu vermeiden, ist ein Job: Mit guter Vorbereitung lässt er sich meistern!

Raum zum Umräumen: Flexibles Inventar

Kinder finden an Erwachsenen manchmal merkwürdig, dass sie so viel sitzen: Statt immer in Bewegung zu ein, lassen sie sich auf einen Stuhl nieder und bleiben dort auch lange. Kinder werden oft ermahnt, doch bitte mal still zu sitzen: „Wenigstens fünf Minuten, ja?"

Oft finden wir Mal-Plätze, die ebenfalls zum Sitzen gedacht sind: Ein großer Tisch, rundherum Stühle. Ist Sitzen für eine Tätigkeit, die Bewegung braucht, sinnvoll? Nein. Sitzen malende Erwachsene? Eigentlich kennt man eher Künstler, die vor der Staffelei stehen. Warum sollten dann Kindergartenkinder beim Malen am Tisch sitzen – vielleicht wieder aus der Besorgnis, dass sie ohne Stuhl beim Malen herumlaufen und alles beschmutzen würden?

Welchen Arbeitsplatz brauchen wir für Kinder? Für viele Vorhaben sind Staffeleien gut, an denen man hervorragend im Stehen arbeiten kann. Ein Hocker daneben bietet genug Platz für Wassergefäß und Palette. Ebenso gut malt es sich auf dem Boden: Auf der Plane das Papier mit Klebestreifen ankleben, damit es nicht verrutscht, Arbeitsmaterialien daneben legen, fertig.

Und der Tisch? Als Stehtisch mit hohen Beinen können wir ihn beim Basteln oder Drucken gut gebrauchen. Aber nur zum Besprechen scheint er uns mit Stühlen rundherum sinnvoll zu ein. Man sieht: Jede Tätigkeit im Atelier braucht unterschiedliche Formen des Arbeitens. Einen fest installierten Platz mit Tisch und Stühlen benötigen wir aber nicht, sondern Flexibilität, um mal mit viel Platz, auf dem Boden, an der Staffelei, oder auf dem Tisch zu arbeiten.

Die vierte Atelierregel lautet:

Schaffe Platz zum Malen, indem in deinem Mal-Raum alles beiseite zu räumen ist. Leichte Hocker und Tischböcke bieten dir Bewegungsfreiheit!

Kreative Ordnung statt unkreativem Chaos: Materialpräsentation

„Ich hab eine tolle Idee und gleich lege ich los. Nur noch irgendwo einen Pinsel, eine Schere und gute Pappe finden..." Jeder kennt das: Gute Einfälle wollen sofort umgesetzt werden. Sie lösen sich in Luft auf, wenn man verzweifelt Material und einen Platz zum Tun finden muss.
Oft sprechen Menschen vom „kreativen Chaos", wenn sie ein besonders unaufgeräumtes Atelier vorfinden, in dem vor lauter Arbeitseifer alles durcheinander liegt. Das ist auch in Ordnung: Kreatives Tun wird dadurch behindert, dass man während des Arbeitens ständig alles in Ordnung halten muss.
Vor und nach der Arbeit sieht die Sache ganz anders aus: Um beim Tun nicht immer suchen zu müssen, brauchen wir Ordnung im Materialregal, um nicht erst vorm Arbeiten lange aufräumen zu müssen, muss unser Raum immer wieder wohl geordnet sein. Und für das Ende der Arbeitsphase gilt: Aufräumen geht umso leichter von der Hand, je strukturierter das Materialregal und der Raum insgesamt aufgebaut sind. Übersicht kann so erreicht werden: Alle Sorten Pinsel, Kreiden und Stifte werden in gleichartigen Kästen nebeneinander aufbewahrt und jede Kiste ist mit einem Foto oder aufgeklebtem Inhalt gut erkennbar markiert. Staffeleien, Tischböcke und Hocker haben klar abgegrenzte, und am besten auf dem Boden eingezeichnete, Positionen im Raum.

Die fünfte Atelierregel:

Schaffe Platz und Ordnung! Ein gutes Atelier ist so gut strukturiert, dass man beim ersten Besuch ohne Fragen alle Dinge findet und wieder an den richtigen Ort zurückstellen kann. Schaffe eine solche kinderleichte Ordnung und verwende deine Überzeugungskraft, um ihre Einhaltung den Kindern zu vermitteln!

Spielraum für Spiel: Das Atelier als alltäglicher Spielraum

Ein gutes Kindergartenatelier ist kein Fachraum, den der Erzieher würdevoll aufschließt, um dort in geheiligter Atmosphäre Kunst zu machen, bevor es wieder zurück in die alltäglichen Lern- oder Spielräume geht. Stattdessen kann das Atelier einer der wichtigsten Spielräume überhaupt werden: Eine Art kombinierter Bau- und Rollenspielraum, in dem statt mit Klötzen mit Pappkartons und Holzleisten gebaut wird, in dem Kostüme aus Papier und Stoff improvisiert werden, in dem Kulissen und Objekte für Fantasiereisen zu Piraten und Königen ermöglicht werden. Dazu braucht der Raum einen gut ausgestatteten Selbstbedienungsbereich mit Material, ohne dabei allzu große Verschmutzung zu erzeugen – also viel Klebeband, Pappen, bunte Papiere, Stoffe, Folien und Schnüre. Außerdem braucht es klare, kurze, schnell einzusehende Benutzungsregeln: Hier darf man immer rangehen, dort nur beim Atelierangebot. Das darf weggeschleppt werden, muss aber zurückgebracht werden. Hier sollte man Bescheid sagen, wenn was alle ist.

Unsere sechste Atelierregel lautet:

Richte einen Selbstbedienungsbereich ein, um auch außerhalb von Angebotszeiten das Atelier für bauendes Spiel nutzbar zu machen.

Platz für Werke: Stapeltrockner, Hängeschienen und Regale

Wer fertig ist, nimmt sein Bild am besten mit – oder wir legen es in die Mappe...
Eine Flut von tollen Bildern und Objekten entsteht jede Woche in einem gut geführten Kindergartenatelier. Wie der Masse an Werken gerecht werden, wo sie aufbewahren? Damit Atelierräume nicht durch zu viel Bild unbenutzbar werden, empfehlen wir folgendes:
Ein Stapeltrockner im Raum sollte bereit stehen, um dort viele Bilder gleichzeitig trocknen zu lassen. Gerade bei materialintensiven Tätigkeiten wie dem Drucken – oder beim Malen größerer Formate – hilft uns diese leider nicht ganz billige Anschaffung, Platz zum Trocknen zu schaffen. Eine preiswerte Alternative ist das Hängegitter: Dafür spannen wir unter der Zimmerdecke, über den Köpfen der Kinder, eine Bahn Hasendraht quer durch den Raum. Auch hier findet eine ganze Menge Bilder Platz zum Trocknen.
Für Objekte, an denen Kinder bauen, brauchen wir viel Stellfläche: Schließlich bauen viele Kinder über Tage und Wochen an einem Werk weiter, bis sie es als fertiggestellt betrachten. Lange Holzbretter an den Wänden eignen sich zur Aufbewahrung.

Hier können auch „Eigentumskästen“ der Bau-Kinder für gerade benötigtes Material aufgestellt werden.
Und wenn sie dann trocken sind? Statt fertige Bilder sogleich in die Arbeitsmappe verschwinden zu lassen, mögen es große wie kleine Maler, wenn sie ihr Werk eine Weile betrachten können. Ideal dafür sind Hängeschienen im Raum, am besten als ganze Hängeschienenwand, auf der alle Bilder aus einer Gruppe bequem, mit ein wenig Abstand voneinander, präsentiert werden können. Um sich gegenüber zu setzen, zu schauen und sich zu freuen.
Erst dann können die Bilder in die Mappe wandern: Bitte eine große Mappe (am besten 70 x 100 cm) für jedes Bild benutzen.

Unsere siebte Atelierregel lautet:

Finde Orte, wo Bilder gelagert werden können, ohne sogleich in Vergessenheit zu geraten! Sorge dafür, dass die Werke aller Kinder gesehen, bewundert und zum Gegenstand von Gesprächen werden.

Inspirieren, Tricks vermitteln, Mitmachen, Staunen: Über die Rolle der Erzieher im Atelier

Darf ich vormalen, wenn man mich bittet? Muss ich den Kindern Techniken vermitteln oder sie lieber selbst darauf kommen lassen? Soll ich während des Entstehungsprozesses für Sauberkeit sorgen oder lieber nachher aufräumen? Eine Fülle ungeschriebener Gesetze scheint es für Erzieherinnen im Atelier zu geben. Wir geben Empfehlungen langjähriger Ateliererzieher zu ihren vielfältigen Aufgaben weiter.

Wichtige Aufgaben und Methoden im Atelier

„Es war einmal…“: Geschichten erzählen

Gute Kinderbilder erzählen meist Geschichten. Das Geschichtenerzählen beginnt oft, indem man eine begonnene Geschichte weitererzählt. Deshalb ist es eine gute Methode für Ateliererzieher, den Kindern beim Tun vorzulesen, um sie die gesamte Handlung oder auch nur kleine, frei assoziierte Aspekte auf dem Bild wiedergeben zu lassen, wenn sie dazu Lust haben.

„Heute gibt es kein Blau!“: Spielregeln vorgeben

Malen und Gestalten ist immer auch Spiel – und deswegen können lustige Spielregeln der Sache gut tun. Die Kreativität fordert es jedenfalls ungemein, wenn spielerisch das Gewohnte in Frage gestellt wird: „Wollen wir heute mal ein Himmelbild ohne Blau malen oder Gemüse ohne Grün?“ Wenn Kinder Dinge „ins Herz schließen“, dann sammeln sie diese oft. Im Atelier sollte Platz sein für diese daheim oft kritisch beäugte Leidenschaft: Ein Kästchen für Sammeleien aller Art kann dort Inspirationsquelle und Materialdepot für künstlerische Ideen aller Art sein.

„Passt das da hin? Oder wo?“: Material auslegen und ordnen

Eine große Menge Material kann inspirieren – oder erschlagen. Ein guter Weg, um Kinder durch ein reichhaltiges Angebot anzuregen – zum Beispiel durch Pappkarton, Holzreste, Tonpapierabschnitte oder Plastikfolie – ist es, diese gemeinsam zu ordnen, etwa nach Größe, Farbe oder Form. Getreu der Kreativitäts-Erzeuger-Regel: Je mehr man sich mit einem Ding beschäftigt hat, desto vielfältiger werden auch die Ideen.

„Ich mal dir mal ein Pferd!“: Etwas vormachen

Dass es schädlich ist, wenn man Kindern etwas „vormalt“, ist ein Irrglaube. Die meisten Kinder bitten Erwachsene, ihnen zu vermitteln, wie man etwas malt, so wie sie sich von ihnen auch andere Dinge gerne zeigen lassen. Beim Zeichnen ist das besonders wichtig, denn Kinder entwickeln ihren „Zeichenvorrat“ genau aus solchen Vorbildern. Natürlich wäre es grundverkehrt, den eigenen Weg, einen Pferdehals zu zeichnen, als einzig richtigen auszugeben.

„Ich zeige euch, wie man das macht!“: Techniken vermitteln

Erst recht gilt der Vormach-Grundsatz für künstlerische Techniken. Kaum ein Kind wird selbst die Technik des Linoldrucks oder der Schraffur aus eigener Kreativität noch einmal erfinden. Es ist wichtig, den Kindern regelmäßig neue künstlerische Techniken zu vermitteln, um ihnen für ihre selbst gewählten Themen Methoden zum Umsetzen in die Hand zu geben.

„Wie wird das gemacht?“: Dinge untersuchen und nachbauen

Eine der besten Wege, Kindern Techniken beizubringen ist die genaue Anschauung existierender Objekte mit detektivischem Scharfsinn: Mit welcher Farbe hat wohl Nolde seine verlaufenden Blumen gemalt? Welcher Trick bewirkt, dass die zwei Holzlatten aneinander kleben? Für diese Form von nachahmendem Lernen muss die Erzieherin Material mitbringen: Bilder von großen Künstlern, Abbildungen imposanter Bauten, echte Anschauungsobjekte...

„Picasso hat das auch schon gemacht.“: Künstler vorstellen

Kleinen Kindern muss man nicht unbedingt Ehrfurcht vor hoher Kunst vermitteln, aber dennoch ist es immer gut, auf Bilder und Werke bedeutender Künstler zu verweisen. In der Regel schätzen sie, dass wenigstens einige Erwachsene das Malen, was sie in ihrer Kinderrolle häufig tun, genauso ernsthaft wie sie betrieben haben.

„Versuch es doch mit dem Holz da!“: Materialien vorschlagen

Es gibt Ateliererzieher, die Kinder für jedes größere Vorhaben einen Plan zeichnen lassen – und die sich dann wundern, dass das fertige Objekt damit nichts zu tun hat. Das finden wir übertrieben – aber ein Gespräch über Ideen der Kinder ist nötig, um ihnen sagen zu können, welche Materialien und welche Techniken wir für besonders geeignet halten. Dann macht das Bauen mehr Spaß, als wenn das Kind lehrreich, aber frustriert an zu hohen Anforderungen scheitert.

„Guck mal, was ich gemalt habe!“: Bilder gegenseitig präsentieren

Beim Malen und Bauen wird der Mensch oft einsilbig und introvertiert. In Pausen sollte die Ateliererzieherin Sorge dafür tragen, dass die Kinder sich für die Werke der anderen interessieren. Auch, um die Kreativität gegenseitig anzufeuern, weil die Kindern

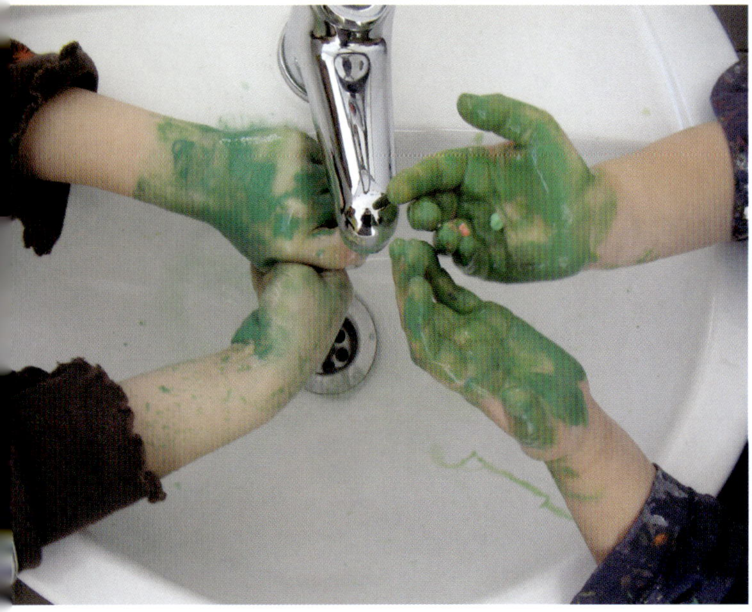

dann nicht nur die eigenen Ideen und die der Ateliererzieherin weiterspinnen, sondern viele verrückte, lustige, kluge Gedanken zusammenkommen.

„Wer Hilfe braucht, schreit einfach...": Das Zurückziehen

Bertold Brecht hat einmal gesagt: „Jeder gute Lehrer muss lernen, wann es Zeit ist, mit dem Lehren aufzuhören." Beim Malen und Gestalten trifft das besonders zu: Am Anfang tun vielen Kindern unsere Ideen und Vorschläge gut. Wenn sie sich erst einmal ins Tun vertieft haben, können unsere – ungebetenen - Vorschläge dagegen empfindlich stören.

„So, ich mal jetzt auch was!": Mitmachen

Wer es noch nicht ausprobiert hat: Es schafft eine intensive Verbindung, wenn Groß und Klein nebeneinander „Kunst machen". In Momenten, wo Rückzug angesagt ist, darf und sollte die Ateliererzieherin ruhig auch der eigenen Gestaltungsfreude frönen, denn das steckt an. Es interessiert Kinder, wenn sie darüber spricht, warum sie was und wie gemalt, geformt oder gebaut hat. Natürlich darf sie dabei niemals den Eindruck vermitteln, dass ihr Weg dabei vorbildhaft sein könnte!

„Lass mal, ich mach das schon weg!": Umsorgen beim Tun

Vertiefung und Verschmutzung gehen beim Gestalten oft Hand in Hand. Genau wie „Auf Sauberkeit achten" und „Rausgerissen werden". Gerade, wenn die Ateliererzieherin von den konzentriert arbeitenden Kindern wenig gebraucht wird, ist es gut, wenn sie ihnen notwendige Hilfestellung gibt, weil Wasserbecher umkippt sind oder Farben fehlen.

„Lecker Himbeersaft im Mal-Café!" Für Wohlbefinden sorgen

Beim konzentrierten Tun vergeht die Zeit schneller als sonst und überfallsartig können Hunger und Durst die Kinder heimsuchen. Auch das gehört zum Job der Ateliererzieherinnen: Saft, Tee und Obst für – kurzfristig gereinigte! – Pausenmacher bereitstellen.

„Zu zweit kriegen wir die Schraube gedreht!": Schwierige Arbeiten gemeinsam erledigen

„Das haben die Kinder alles alleine gemacht!" – so etwas präsentiert man gerne! Aber Kindern scheint das Gefühl, alles aus eigener Kraft bewirkt zu haben, gar nicht so wichtig zu sein. Sie schätzen es eher, wenn ihnen schwierige Arbeitsschritte durch erwachsene Hilfe gelingen. Solange die Großen den Kleinen assistieren und nicht andersherum, ist gegen tatkräftige Hilfe nichts zu sagen!

„Das muss auf unser Foto!": Arbeitsprozesse im Bild festhalten

Dokumentieren ist ohnehin eine der wichtigsten Erzieheraufgaben. Im Atelier besonders, denn damit gelingt es uns und den Eltern, tolle Zwischenschritte und konzentrierte Beschäftigungen festzuhalten, die man dem entstandenen Werk vielleicht nicht mehr ansieht. Wer später anhand einer Bilderserie im Portfolio nachvollziehen kann, wie engagiert Elli an der Schraube herumgeschraubt hat, sieht das dabei entstandene Feuerwehrauto aus Müllteilen mit ganz anderen Augen.

„Jetzt machen wir daraus eine Ausstellung!" Bilderschauen initiieren

Feierliche Ausstellungseröffnung im Gemeindehaus – oder nur geordnetes Anhängen der Bilder an der Klemmschiene: Dass es lohnt, Bilder der Kinder zu präsentieren, braucht kaum erwähnt zu werden. Empfohlen aber sei, dieses gemeinsam mit Kindern durchzuführen, denn dabei entstehen viele nachdenkliche Momente, die man nicht pädagogisch vergeuden sollte: Brauchen die Bilder einen Namen? Kann jemand die Eltern durch die Ausstellung führen?

Bilder-Aktionen

In den folgenden Bildergeschichten entstehen Werke scheinbar wie von selbst. Manchmal bedarf es genauen Hinsehens, um zu erkennen, wie die Ateliererzieherinnen das Tun der Kinder erst ermöglicht haben: Indem sie die jeweiligen Materialien bereitgestellt haben. Indem sie mit den Kindern ein Thema entwickelt oder sie durch Vorlesen, Sprechen und Spielen auf die passende Idee gebracht haben. Die Bildergeschichten sollen als Anregung dienen, es nachzumachen und ähnliche Materialien bereitzulegen und Impulse zu setzen – und dann wahrscheinlich ganz andere, aber ebenso berührende Ergebnisse zu ernten.

Material

- großformatiges Papier, 70 x 100 cm
- dünne Kohlestifte
- Pastellkreiden

Aktionsplätze

- Staffelei mit Malbrett und Wäscheklammern zur Befestigung des Papiers

Eine Wolkenwelt

Mit dickem Pinsel und fetter Farbe auf kleinformatigem Papier malen – das ist fast schon Folter. Mit dünnen Stiften ein unübersehbares Papier zu bearbeiten, kommt am Anfang ein bisschen wie Sisyphos-Arbeit daher – aber dann bedeutet es scheinbar unbegrenzten Freiraum zum Schaffen neuer Welten. Der fünfjährigen Madeleine mag es so gegangen sein, die zum Zeichnen mit dünnen Kohlestiften selbstsicher das größte verfügbare Papierformat im Atelier gewählt hat, um irgendwo am Rande der Mitte einen Schmetterling zu malen. Sitzt, passt, wackelt, hat aber noch zu viel Luft herum: Ein Wölkchen wird hinzugefügt und gegen Einsamkeit gesellt sich bald ein zweiter Schmetterling hinzu.

Immer noch ist das Bild sehr leer und das ermöglicht es, sich Gedanken über den Ort der Begegnung der beiden Flugtiere zu machen: Ein Wald mit Wiese ist es, wie Madeleine mit Bäumen und einer zackigen Wiese aus Kohlestrichen darunter andeutet. Eine Sonne kommt hinzu, und um den weiten Himmel auszufüllen, besiedelt sich der Rest nach und nach mit Wolken, gerade ist noch Platz für ein Flugzeug. Madeleine erzählt ihren Mitzeichnerinnen, die mit der Erschaffung ähnlicher Welten beschäftigt sind, unablässig von den Geschichten der Schmetterlinge, die auf dem Bild kaum zu sehen sind. Ungeklärt bleibt für Außenstehende die Frage, warum zwei Bäume am Ende mit Sonnenbrillen ausgestattet werden und am dritten etwas Bananenähnliches zu wachsen scheint – vielleicht keine Idee Madeleines, sondern einer ihrer Freundinnen, die wie selbstverständlich in das Bild ihre Beiträge zur Geschichte hineinmalen dürfen.

Erkenntnisse:

„Warum malen Große Dinge manchmal ab?" Kleine Kinder malen fast nie, weil sie von sichtbaren Dingen ein Abbild erzeugen wollen. Insbesondere das Zeichnen dient ihnen stattdessen dazu, innere Bilder wiederzugeben und beim Tun weiterzuentwickeln. Dazu brauchen sie viel Platz auf dem Papier, Zeit, oft Mitspieler, ein schnell aufzutragendes und wieder wegwischbares Zeichenmaterial sowie Begleiter, die überhaupt nichts dagegen haben, dass die Malstunde manchmal wie ein Kaffeekränzchen mit Stift daherkommt.

Material

- großformatiges Papier, 70 x 100 cm
- mittelbreit Malerpinsel
- feste Temperafarbe auf Palette in Rot, Gelb, Blau und Schwarz

Aktionsplätze

- Staffelei mit Malbrett und Wäscheklammern zur Befestigung des Papiers

Alles verbrannt

Johns Bilder gelangen (fast) nie an Wohnzimmerwände und auf Familienkalender, obwohl sie die fantastischsten Geschichten erzählen: Zuerst ist meist ein blaues Strichmännchen zu sehen, vielleicht soll es der Maler selbst sein, aber deren beider Erlebniswelten entsprechen sich gottlob nicht: Oft wird das Männchen von Monstern in Schwarz angegriffen: Monster hinmalen – und dann verschlungen – John-Figur schwarz übermalen. Feuerwehrmänner kommen hinzu, bespritzen das Monster mit Wasser (dargestellt durch rote Farbe), das wehrt sich, ein Brand scheint auszubrechen und Rauch entsteht... In jedem Fall ist das Bild am Ende braun-rot-schwarz gefleckt, und ahnungslose Besucher halten „Abstrakte Kunst“ für den einzig geeigneten Bildtitel.

John aufzufordern, seine Bilder nicht immer wieder „wegzumalen“, um sie den Eltern zeigen zu können, stößt bei dem gerade Vierjährigen auf wenig Verständnis. Könnte man sich mit ihm wie mit einem Erwachsenen über den Sinn von Bildkunst unterhalten, würde er zwar bestätigen, dass auch sein Malen der Darstellung dient. Aber seine Bilder sind erstens nicht an andere Betrachter außer ihn selbst gerichtet und zweitens erlebt er auf ihnen Geschichten wie in einem selbst gemachtem Film, und es ist sein ureigenes Interesse, dass die Handlung dieser turbulenten Geschichten am Ende zu einem klärenden Abschluss findet, bei dem der Vorhang in Form einer völligen Übermalung fällt.

Erkenntnisse:

Wer Dinge malerisch wiedergeben kann, kann sich selbst Bildergeschichten erzählen. Kinder am Anfang ihrer Mal-Biografie genießen es, damit einen weiteren Spielplatz für Rollenspiele gefunden zu haben. Ähnlich wie beim Figurenspiel soll diese Aktion am Ende wieder im Nichts enden.

Besonderen Reiz erhält das kleinkindliche Spiel auf der Leinwand, wenn sich das Material aktiv in die Geschichte einzubringen scheint, indem etwa die Farbe „regnet“ oder durch Vermischung verschiedener Farben alles mit brauner Erde (oder ekligeren Substanzen) bedeckt wird. Nicht eingreifen! Die Freude am vorzeigbaren Bild kommt später!

Material

- großformatiges Papier, 70 x 100 cm
- Zeichenkohle
- Pastellkreiden in drei Farben
- Schwamm zum Verwischen der Farbe
- Fixativ zum nachträglichen Fixieren von Kohle- und Kreidestaub

Aktionsplätze

- Boden, abgeklebt

Mama mit langen Haaren

Erst sind es einfache Striche mit der Pastellkreide, mit der die fünfjährige Nina ihr großformatiges Blatt zu erobern beginnt: Aus einem Viereck in Rosa, daran ein zweites, entsteht eine einfache Figur mit Kopf und Bauch, die später durch zwei Augenkringel, Nasen- und Mundstrich eine menschliche Gestalt bekommt.

Was nun beginnt, erinnert an das, was Kinder mit Barbiepuppen oder in der Verkleideecke im Rollenspielraum gerne tun: Nina stattet ihre gezeichnete Figur aus – mit hochhackigen Schuhen aus wenigen Kreidestrichen, einer karierten Hose und einer Art Tütü-Kleid. Um dieses Kleid bunt auszumalen, nutzt Nina die ihr bekannte Fülltechnik, die Kreide längs über das Bild zu streichen und mit Handballen oder Schwamm nachzuwischen. Auf ähnliche Weise fügt Nina die obligatorische große gelbe, ebenfalls verwischte Sonne hinzu, deren Licht auf dem Boden widerscheint. Fußspuren auf dem Bild verraten, dass die junge Künstlerin um das auf dem Boden liegende Bild immer wieder herum gegangen ist, um die beste Position zum Malen von Sonne, Figur und Haar einnehmen zu können.

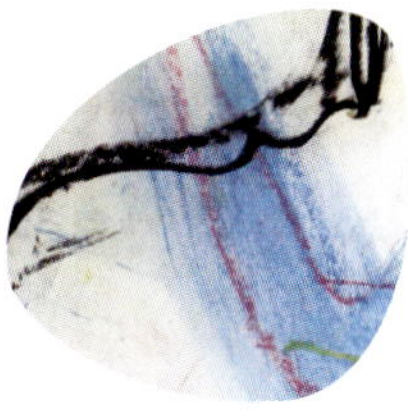

Der Clou des Bildes kommt am Schluss: Endlos lange schwarze Haare aus dicken Kohlestrichen, für die Nina die ganze Weite des großen Papierbogens nutzen kann. So lang werden die Haare, dass sie an der Unterseite des Blattes in weiten Schleifen auf dem Boden zu liegen scheinen. Während Nina die Striche mehrmals nachfährt, um die Haare „dicker“ zu machen, plaudert sie begeistert über die Vorstellung, dass ihre Mutter einmal – oder gar sie selbst – so lange Haare haben könnte.

Erkenntnisse:

Mit Kreiden und Kohlen kann man Flächen füllen, indem man diese quer ansetzt – oder mithilfe der Hand, Schwämmen oder unter Hinzunahme von Wasser verschmiert.

Material

- großformatiges Papier, 70 x 100 cm
- breiter Borstenpinsel (Lackierpinsel)
- feste Temperafarbe in Grün und Gelb
- Palette mit breiten Näpfen
- Zahnbürste mit Spritzsieb
- Gefäße mit stark verdünnter Farbe in Gelb, Hellgrün und Blau
- Schablonen aus Pappe in Herzform

Aktionsplätze

- Staffelei mit Malbrett und Wäscheklammern zur Befestigung des Papiers

Pferd im Regen

Mit groben Pinselstrichen und kräftiger grüner Farbe beginnt die vierjährige Sara ihr Malen eines Pferdes. Die Form des Tieres ist denkbar einfach – und verrät doch, wie wichtig gezeichnete Vorbilder für Mal-Anfänger sind: Während die zwei klobigen Beine und der eckige Schwanz eher funktionell gezeichnet sind, sieht man dem langen runden „Buckel" an, dass Sara den charakteristischen Hals eines Pferdes von Bildern andere Kinder kopiert hat, ohne schon genau zu wissen, wo dieser hingehört. Man sieht: Kinder brauchen größere **„Vor-Zeichner"**, um nach deren Vorbild ihr eigenes Zeichenrepertoire zu entwickeln. Vielleicht als Auge, vielleicht auch um den Kopf zu kennzeichnen, hat Sara einen leuchtend roten Punkt vorne in den Buckel gesetzt.

Zur weiteren Gestaltung des Bildes legt Sara nun den Pinsel beiseite, um zur Zahnbürsten-Spritztechnik zu wechseln, bei der mithilfe einer Zahnbürste verdünnte Farbe aus einem Gefäß geschöpft und durch Reiben über ein Sieb auf das Bild verteilt wird. Zunächst verteilt sie auf diese Weise über das Bild hinweg hellgrüne Farbe. Die Ateliererzieherin zeigt ihr, wie man bei der Spritztechnik mit Schablonen arbeiten kann: Einfach ein vorgeschnittenes Papierherz auf die feuchte Farbe aufkleben, mit reichlich Spritzfarbe übersprenkeln und nach dem Abziehen des Papierherzes die Negativform bewundern. Schon die Steinzeitmenschen in der Höhle von Lasceaux haben diese Technik auf ähnliche Art verwendet – mit Schablonen und Kohlestaub aus Blasrohren.

Lena spritzt weitere Farben auf. Spätestens beim Wechseln zu Gelb beginnt die Farbe vom immer nasseren Bild herunterzulaufen, was Sara fasziniert und animiert, unverdünnte rote und blaue Farbe nun auch direkt mit der Zahnbürste ohne Sieb auf das Bild zu klopfen und deren Hinunterlaufen zu beobachten. Das Bild beginnt mehr und mehr, sich auch ohne das Zutun von Sara zu verändern, indem sich ein Farbtropfen nach dem anderen seinen Weg bis zur unteren Bildkante bahnt. Was für ein Schauspiel auf dieser Bild-Bühne, mag Sara denken, die das zufällig entstandene Fließen der Farbe wie selbstverständlich in ihr Bildthema integriert: Das Bild heißt natürlich „Pferd im Regen".

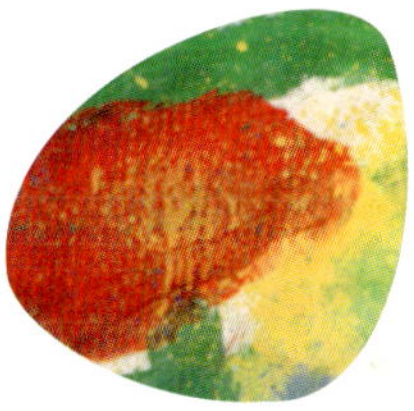

Erkenntnisse:

Man kann Dinge nicht nur malen, indem man Farbe aufträgt, sondern auch, indem man sie – wie bei der Schablonentechnik – wegnimmt.

Alles fließt nach unten, klar. Wenn sie nass und dünn ist, fließt sie schneller – und ist sie trockener, hinterlässt sie mehr Spuren, kommt aber vielleicht nicht bis zum unteren Bildrand.

Material

- großformatiges Papier, 70 x 100 cm
- mittelbreitr Borstenpinsel
- Pastellkreiden
- feste Temperafarbe auf Palette in Blau, Gelb
- Fixativ zum nachträglichen Fixieren der Pastellkreiden

Aktionsplätze

- Staffelei mit Mahlbrett und Wäscheklammern zur Befestigung des Papiers

Meine Stadt Berlin

Lange benutzte Malbretter erzählen viel über die Art und Weise, wie kleine Kinder malen: Auf ihnen versammeln sich die Spuren immergleicher Bildaufbauten, nämlich dem grünen Rasenstrich unten, dem blauen Himmelsstrich oben und der Sonne in der Ecke. Unzählige Kinder malen so: Erst das Bildmotiv in die Mitte, dann oben den Himmel durch den blauen und unten den Rasen durch den grünen Strich andeuten.
Bei einem Ateliertag mit dem Thema „Meine Stadt" schlägt die Erzieherin vor, es von Anfang an anders zu machen: „Erst malen wir mal den Himmel und die Erde auf das Blatt, bis es ganz voll ist, und dann erst kommen die Gebäude und Leute dazu!" – „Aber dann ist das Bild schon voll!", sagt einer und die andere antwortet, man könne ja drübermalen, die Sachen seien ja auch über dem Himmel: „Wenn man sie wegnimmt, sieht man, dass er drunter ist!" Begleitet von solcherlei philosophischen Diskussionen beginnen die Kinder, ihre Bilder sorgfältig mit dem Blau ihrer Wahl auszumalen, und mancher lässt unten noch ein Stück frei für den ebenfalls bunt gefüllten Erdboden.

Gut trocknen soll die Farbe, deshalb ist nun Zeit, das von den Kindern erst besichtigte und dann als Foto ausgehängte Bildmotiv der eigenen Stadt gemeinsam zu betrachten: Der jetzt große Fernsehturm mit seinem charakteristischen Aufbau aus Turmstumpf, Kugel und gestreifter Antenne.

Um dieses Bauwerk zu malen, eignen sich Pastellkreiden, denn sie lassen sich besonders gut auf dem durch die blaue Grundierung rauen Untergrund aufmalen. Am Anfang wählen die Kinder eine schwarze Kreide, um die Turmform vorzuzeichnen – wenn es nicht sofort klappt, kann man die Kreide sogar mit einem Schwämmchen wegwischen und erneut sein Glück versuchen. Spätestens bei der Ausgestaltung der Umrisszeichnung verliert sich der Realismus der Kinder zugunsten ungebremster Fantasie: Während Justin der Turmkuppel klassische viergeteilte Altbaufenster verpasst, gibt Amos schon seinem Turmstumpf ein wild gemustertes Farbenkleid. Die Kuppel mit Aussichtsplattform und Turmrestaurant wird in ordentlich gezogene, in allen Farben des Kreidensortiments gefüllte Rechtecke unterteilt. Die Sonne, ebenfalls aus Kreidestrichen, darf nicht fehlen: So wünsche ich mir meine Stadt Berlin!

Erkenntnisse:

Farbig grundierte Bilder haben eine klare Bildstimmung, die den weißen Blättern natürlich fehlt. Beim blau grundierten Bild spürt man sofort, dass der Turm an einem sonnigen Tag gemalt wird. Was verändert sich, wenn die Grundierung schwarz, grau oder rot wird?

Auf dem farbigen Untergrund verändert sich die Wirkung der Pastellkreiden – Gelb muss man stark aufdrücken, um es zu sehen, vom Blau merkt man wenig, Rot sticht hervor. Und endlich ist klar, wozu man die weiße Kreide nutzen kann: Sowohl zum Vorzeichnen wie auch zum Aufhellen der Flächen, die wieder weiß werden sollen!

Material

- großformatiges Papier, 70 x 100 cm
- dünner Haarpinsel
- dicker Borstenpinsel
- stark verdünnte schwarze Farbe im Wassernapf
- dicke schwarze Temperafarbe auf Palette
- dicke weiße Temperafarbe

Aktionsplätze

- Staffelei mit Malbrett und Wäscheklammern zur Befestigung des Papiers, in verschmutzbarem Raumbereich

Monster

Monster holt man nicht her, sie erscheinen von selbst, und zwar da, wo es dunkel ist – mit dieser unerfreulichen Tatsache ist der fünfjährige Robert vertraut. Keine Angst hat er deshalb, sich einem Prozess der Monsterentstehung anzuvertrauen, den die Ateliererzieherin „Zufallsverfahren" nennt. Zumal dieses Verfahren sehr lustvoll ist, beinhaltet es doch, einen Haarpinsel in sehr dünne Farbe zu tunken und dann über das Papier zu spritzen – kreuz und quer! Manchmal landen auf diese Weise einfach nur schräge Klecks-Linien auf dem Blatt, manchmal tropft Farbe wie auf einer nassen Fensterscheibe gerade hinunter. Manchmal beschreiben die Spritzlinien Kurven wie ein umgekehrtes U, und wenn dann zufällig zwei Punkte in dem U etwas kräftiger ausfallen, beginnt plötzlich ein Monster mit rundem Kopf aus dem Bild hervorzulächeln...

Um eines der Zufallsmonster auf dem Bild zu bannen, greift Robert zur fetten schwarzen Farbe und zeichnet die getupften Linien deutlich nach: Erst der runde schwarze Kopf mit den Augen, dann die Arme, die sich irgendwie aus den anderen Linien ergeben – man muss sich nur entschließen, zweien der Punktespuren zu folgen. Bald zeigt sich die schwarze Gestalt in aller Schrecklichkeit – und was fehlt, nämlich die Hände, ergänzt Robert ganz pragmatisch, indem er seine Hand schwarz bemalt und an den Enden beider Monsterarme auf dem Bild abdruckt. Was in jedem Fall sein gutes hat: Ein Monster, das die eigene Handgröße hat, kann einem kaum gefährlich werden, oder?

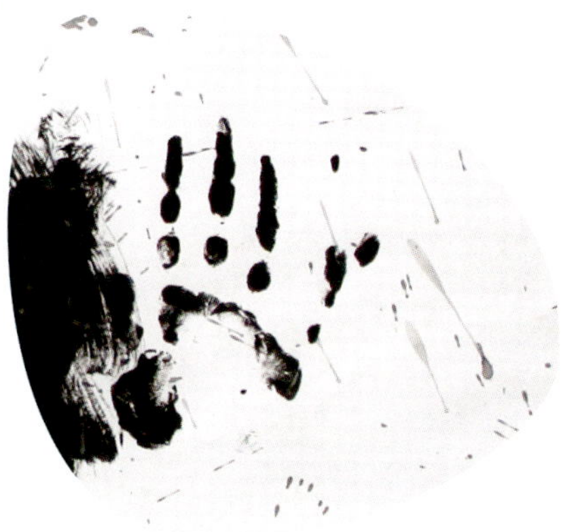

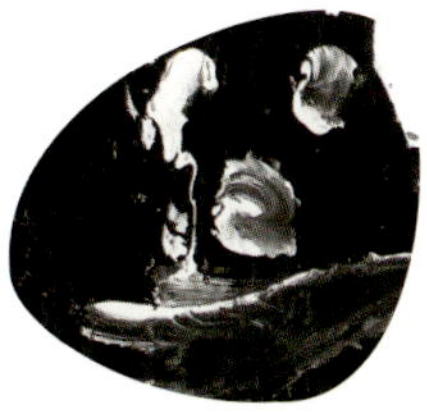

Erkenntnisse:

Figuren kann man bewusst zeichnen – oder man sucht zufällige Kritzellinien danach ab, ob sich darin Figuren befinden. Manchmal sind diese zufällig entstandenen Wesen in ihrer Unbeholfenheit einfach lustig, manchmal kann man sich sogar Zeichentricks abschauen und beim nächsten Mal sein Monster genauso bucklig malen wie das zuvorzufällig gekleckste Monster.

Kinder und bunte Farben – das gehört einfach zusammen, klar... Manchmal übersieht man, dass sich kleine Menschen auch für die Dramatik von ganz düsteren Schwarz-in-schwarz-Bildern begeistern können oder in erdigem Braun-Schlamm versinken wollen. Wir sind für das Recht der Kinder auf Schmutz-Farben!

Material

- großformatiges Papier, 70 x 100 cm
- mittelbreit Malerpinsel
- Schwamm-Stempel (Schaumgummi-Aufsatz einer Lackierrolle)
- feste Temperafarbe auf Palette inLila, Türkis, Weiß und Zinnober

Aktionsplätze

- Staffelei mit Malbrett und Wäscheklammern zur Befestigung des Papiers

Biene sucht Honig

Drei oder vier schöne Farben, die gut zusammenpassen – ein guter Grund, ein schönes Bild zu malen! Der vierjährigen Carla geht es wie vielen Kindern, wenn sie vor dem Malen aussuchen, mit welchen Farben sie die breiten Fächer der Malpalette füllen: Sie denkt weniger darüber nach, welche Farben ihr Bild – von dessen Motiv sie noch wenig weiß – haben soll, sondern nur daran, was in den Palettenfächern gut zusammen aussieht, als seien diese eine Perlenkette aus bunten Holzperlen.

Viel Platz ist auf dem großen Papier, um ein kleines Ding in großen Schwüngen zu malen: Ein freundliches türkisfarbenes Gesicht und einen großen lila Körper bekommt ihre Biene, und ganz menschlich fügt sie zudem noch Haare und eine zinnoberrote Mütze hinzu.
Dass die typische Farbe Grün für die Blumen auf der Palette fehlt, scheint Carla eher anzustacheln, ihre lila Blumen mit rötlichen Blüten gekonnt zu verzieren, indem sie den Schaumgummi-Aufsatz einer Lackierrolle als Stempel verwendet und Weiß einsetzt, um die Farben der Blumen pastellartig aufzuhellen.

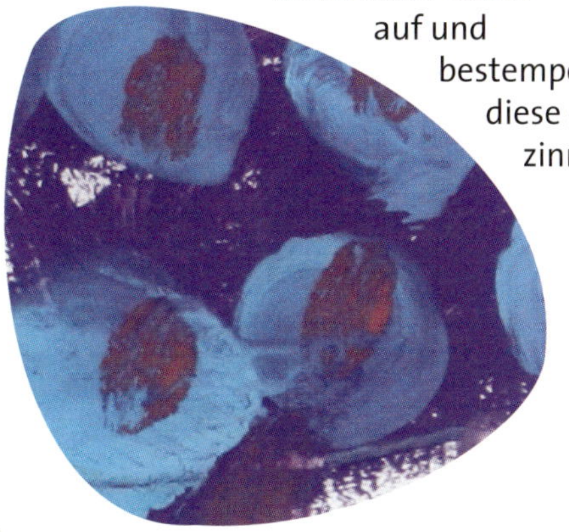

Kleine Kinder möchten die Schönheit und Farbenfreude, wie sie Blumen haben, ganz nah an ihrem Körper erleben: Ganz logisch scheint es daher, dass Carla dem inzwischen getrockneten lila Bauch der Biene ein zweifarbiges Ornament aus lauter Kreisen verpasst, statt ihr die üblichen Streifen zu geben. Dafür malt sie türkisfarbene Kreise auf und bestempelt diese schließlich mit einem zinnoberfarbenen Punkt.

Erkenntnisse:

Gerade ungewöhnliche Farbkombinationen machen Kindern Spaß und erweitern ihr ästhetisches Empfinden. Es ist ein Erlebnis, auf einem großen Blatt beim Malen in eine lila-türkis-zinnoberfarbige Welt zu versinken!

Ornamente entstehen, indem man eine gemalte Form immer wieder nachmalt. „Punkt auf Kreis“ ist ein Anfang – welche Muster könnte man noch erfinden?

Material

- großformatiges Papier, 70 x 100 cm
- mittelbreite Malerpinsel
- Lackierrolle, glatte Oberfläche zum Vorbereiten der aufzuwalzenden Farben
- feste Temperafarbe auf Palette in vielen Farbtönen

Aktionsplätze

- Staffelei mit Malbrett und Wäscheklammern zur Befestigung des Papiers,
- Tisch oder Boden zum Auswalzen der Farbe auf Rolle

Fantasiereise

Grüne Wiese am unteren Bildrand, darauf ein lustiges Pferd, auf dem ein Mädchen mit fröhlichem Gesicht turnt, ganz oben die breite gelbe Sonne: Ein geradezu typisches Bild für fünf- oder sechsjährige Mädchen malte Tabitha im Kindergartenatelier. Wie bei vielen ähnlichen Bildern fehlt nicht der kecke Gesichtsausdruck des turnenden Mädchens, und wie so oft deuten Details darauf, dass Tabithas Bildfigur älter als die Malerin selbst ist, denn sie hat ausgesprochen lange Haare und trägt zum blauen kurzen Rock Schuhe mit extrem hohen Absätzen. Viele Bilder werden von Kindern gemalt, um eine Vorstellung ihres eigenen Lebens in zukünftigen Jahren anschauen und überprüfen zu können: Werde ich einmal so aussehen, mich so kleiden, so mutig auf Pferden turnen? Ein Bild also, das in der Fantasiewelt der Malerin spielt und nicht nur der Titel „Fantasiereise“ drückt das aus: Tabitha hat den gesamten Leerraum des Bildes, wo sonst der Himmel zu sehen wäre, mit überaus schillernden bunten Farben ausgefüllt. Die Technik ist simpel und doch höchst effektiv: Es wird zunächst eine Lackierrolle in zwei Farben angepinselt oder zwei Farbstreifen auf einem glatten Untergrund überrollt, um dann die eingefärbte Rolle wie zum Anstreichen einer Wand über die Leerräume des Bildes rollen zu lassen. Zufrieden mit den ersten Ergebnissen hat Tabitha, als die Farbe immer blasser wurde, kühnere Methoden und gewagtere Farbkombinationen entwickelt, um Farbe auf der Rolle zu verteilen: Aufmalen aller Regenbogenfarben, Eintunken der halben Rolle in kräftiges Ultramarinblau... Und das Ergebnis ist ein Bild so bunt wie die Fantasie, mit der man sich seine Zukunft ausmalen kann.

Erkenntnisse:

Beim Aufwalzen wird auf dem Papier ein Kreislauf abgebildet: Aus der Abfolge weniger Farbstreifen auf der Rolle wird plötzlich ein langes, freilich gegen Ende immer stärker verblassendes Band.

Beim Malen mit Pinsel und Stift sieht man seine eigene Handschrift gut – in dem Ungelenken, das nicht zu vermeiden ist. Mit der Rolle sehen Farben aus wie gedruckt, wie hingezaubert.

Material

- großformatiges Papier, 70 x 100 cm
- breiter Malquast
- breiter Spachtel (Pappstück, Eiskratzer oder Verputzer-Spachtel)
- Pappe (von Pappkarton), Stift, Schere
- Temperafarbe mit Kleister
- feste Temperafarbe, Farbwalze, Platte zum Auswalzen der Farbe

Aktionsplätze

- Staffelei oder Tisch zum Vorbereiten des Hintergrundes
- Tisch zum Vorbereiten eines Druckstocks, Auswalzen und Drucken der Farbe

Mammutfamilie

Eine komplizierte Form immer wieder malen müssen... ist da nicht der Druck das geeignetere Mittel? Auf jeden Fall, dachte sich Anne, die für ihre Mammutherde zwei Druckstöcke aus Pappkarton angefertigt hat. Das geht einfacher als es klingt: Ein rechteckiges Stück Pappe aus einem Pappkarton dient als Grundplatte, auf die der eigentliche Druckstock aufgeklebt wird. Für ihr Wunschmotiv schnitt Anne die vorgezeichnete Form des Mammuts aus Pappe aus und klebte sie auf – möglich wäre auch, sie aus einzelnen Pappstücken auf dem Druckstock in die gewünschte Form zusammen zupuzzeln. Wird der Druckstock nun mit fester Farbe gründlich eingewalzt, kann er umgedreht und abgedruckt werden.

Seinen besonderen Charme bekommt das Bild von Anne durch den Hintergrund, auf den sie die Mammuts gedruckt hat: Diesen hat sie durch flüchtiges Füllen des Papierbogens mit einer durch Kleister verdünnten und damit transparenten Farbe vorbereitet. Mehrere Schichten Farbe waren nötig, um das Blau an bestimmten Stellen kräftig wirken zu lassen und weil die Vorbereitung schnell gehen sollte, verwendete Anne die schnellsten Malwerkzeuge: einen ausgedienten breiten Malerquast und einen Spachtel, mit denen sie die Farbe mit wenigen Handgriffen über die gesamte Fläche verteilen konnte.

Das Ergebnis zeigt, dass man sich diesen Zufallseffekt abschauen kann: Gut sieht der Kontrast aus dem kräftigen Pastellgelb und Braun der Mammuts zu dem transparenten Blau aus. Die nachträglich aufgedruckten Stoßzähne und eingetupften orangenen Augen bereichern durch ihren Kontrast das Bild.

Erkenntnisse:

Die meisten Abbildungen, die Kindern begegnen, sind gedruckt. Mit dem Verfahren des Kartondrucks erfahren sie die Technik des Druckens auf eine einfache und nachvollziehbare Weise.

Manche Farben verdecken alles, was darunter ist, andere erlauben es, wie durch eine Sonnenbrille durch sie hindurch zu sehen. Spannend ist es für Kinder, dieses durch die Begegnung mit transparent gemachten (zum Beispiel mit Kleister verdünnten) und besonders deckenden (unverdünnt aufgetragenen, eventuell mit etwas Sand versetzten) Farben auszuprobieren.

Material

- großformatiges Papier, 70 x 100 cm
- Ölpastellkreiden
- Schwämme
- feste Temperafarbe in flachen Näpfen in vielen Farbtönen

Aktionsplätze

- Boden, mit Abdeckpapierbahnen abgeklebt

Mädchen

Wie malt man sich selbst? Entweder mit bloßer Vorstellungskraft oder mithilfe eines Spiegels. Unbestechlich echt wird das Bild, wenn man sich selbst auf das Blatt legt, um sich von einem vertrauten anderen Kind sorgfältig mit einem Stift umrunden zu lassen.

Lisa, die auf diese Weise ihr eigenes Körper-Bild erhielt, hatte nach dem Auftragen von Strichen und Punkten für Mund und Nase sowie dem Aufmalen der roten Haare keine Lust, den restlichen Körper komplett auszumalen. Vielleicht empfand Sie die weiße Farbe des Papiers für ihre Haut auch als ausreichend und beschränkte sich so auf ein vielfarbiges T-Shirt. Jedenfalls erkannte sie aus dieser Lage heraus die Chancen der Figur-Grund-Wahrnehmung: Aus einer leeren Fläche wird auch eine Figur, wenn man den Umraum farblich gestaltet. Sie griff zum Schwamm, tunkte ihn ins dünne Blau und umgab ihr helles Mädchen mit einem schönen dunklen Kontrast.

Erkenntnisse:

Fantasielose Malblätter vermitteln es immer wieder: Die Dinge werden ausgemalt, der Raum außen herum darf weiß bleiben. Es ist spannend, mit Kindern einmal den entgegengesetzten Weg zu gehen, um zu erleben und zu betrachten, wie es aussieht, wenn der Hintergrund bunt wird und die Dinge und Figuren die Papierfarbe zeigen.

Material

- großformatiges Papier, 70 x 100 cm
- Haarpinsel
- Seidenmalfarben oder verdünnte Tuschen in vier Farbtönen
- Tuch, auf Seidenmalrahmen gespannt oder auf Tisch festgeklebt
- Wassergefäß

Aktionsplätze

- Maltisch

Ich und mein Auto

Wenn Kindergartenkinder malen, hinterlassen sie fast immer Spuren außerhalb der Bildfläche, weil Farben vom Papier laufen oder durch zu viel Wasser Löcher in diesem erzeugen und hindurch kleckern. Bei dieser Mal-Aktion verwenden Daniel und die anderen Kinder die Technik absichtlich: Über das Malpapier, das auf einem Tisch ausgelegt wurde, legen wir vorab ein dünnes Stück Stoff aus, streichen dieses glatt und befestigen es rutschsicher am Tisch.

Mit dünnen, aber kräftigen Malfarben malen die Kinder ihr Bildmotiv auf den Stoff, was wegen der rauen Stoffstruktur eine interessante Abwechslung zum Malen auf Papier darstellt. Es darf ruhig feuchter als sonst zugehen, denn der Stoff ist saugfähig – und um auf dem Papier darunter ein Bild zu hinterlassen, muss diese Saugfähigkeit auch ausgereizt werden. Spannend ist bei dieser Maltechnik, dass man das eigentliche Bild erst ganz am Ende zu sehen bekommt: Erst als Daniel sich selbst, sein Auto, eine Blume und die Sonne auf dem Stoff fertig gemalt hat, kann er diesen vorsichtig beiseite ziehen und sieht das merkwürdig hingehauchte, viel zarter als das „Original“ aussehende Papierbild.

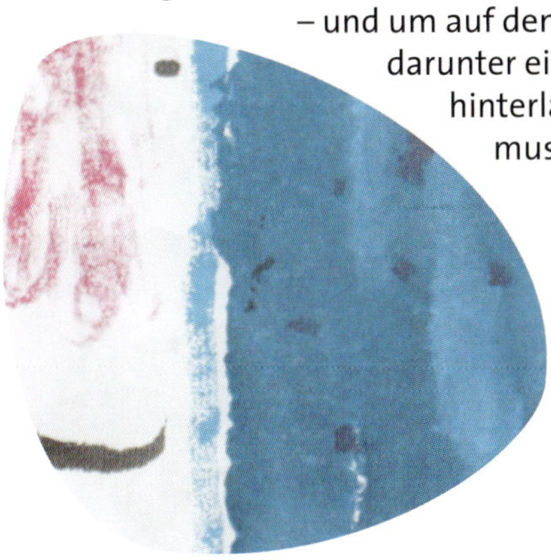

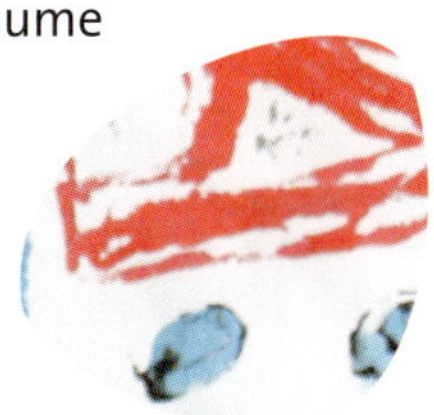

Erkenntnisse:

Ein bisschen verhält es sich bei dieser Durchmal-Technik wie beim Drucken: Das Bild zeigt nicht genau das Gemalte, sondern einen Abglanz davon. Interessant ist es, beim wiederholten Malen mit der Durchmal-Technik zu versuchen, den Farbauftrag auf dem Papierbild bewusst zu steuern.

Wo sind die Unterschiede? Dieser Frage können Kinder anhand gleich drei unterschiedlicher Ausfertigungen ihres Bildmotivs nachgehen: Das Papierbild, das gemalte Bild auf Stoff und die spiegelverkehrte Version dieses Bildes, die auf der Rückseite des Stoffes entstanden ist.

Material

- Papier, A2- oder A3-Format
- Spielzeugautos mit Gummirädern in unterschiedlichen Größen
- unverdünnte Temperafarbe in vielen Farbtönen

Aktionsplätze

- Boden

Autospuren

Brrrm, brrrm! Das hört sich nicht nach Malen an – und sieht auch nicht so aus: Heute schieben die Kinder Spielzeugautos in Kurven über den Boden und machen dazu ihre einzigartigen Brummgeräusche. Nur an zwei entscheidenden Details erkennt man, dass wir keinen normalen Tag im Bauraum erleben, sondern eine Kunstaktion: Der Belag des Bodens besteht aus großen Papierbahnen und bevor die Autos darüber kurven dürfen, baden die Kinder ihre Räder kurz in reichlich Farbe auf einer Palette. Die Bilder, die dabei entstehen, überraschen mit strengen Linienführungen und wüsten Farbverläufen. „Sieht nach großer Kunst aus!", sagen vorbeikommende Erwachsene und Kunstexperten erinnert das Projekt an die Bilder des englischen Künstlers Ian Cook, der mit ferngesteuerten Autos auf ähnliche Weise Bilder mit realistischen Motiven „fährt" – in der Regel sind es übrigens Autobilder und Rennfahrerportraits, die dann in Galerien landen. Für die Kinderkünstler bei diesem Projekt sind die Spuren der Spielzeugrädchen einfach nur Autospuren, die ein bisschen von ihren wilden Fahrten über das Blatt festhalten. Wieder einmal hält die getrocknete Farbe ein Spiel der Kinder fest. Aber obwohl die Bilder deswegen eigentlich ein Nebenprodukt sind, merkt man ihren Malern an, dass sie stolz und zufrieden mit den kraftvollen Linien auf dem Blatt sind.

Erkenntnisse:

Viele Dinge hinterlassen Spuren. Bei Fahrzeugen, Füßen oder Tierpfoten halten die Spuren sogar einen Bewegungsablauf fest, den man anhand der Spuren wie der Spurensicherer bei der Polizei rekonstruieren kann.

Auch das Malen mit Pinseln ist „Spur-Erzeugen", wenngleich es im Unterschied zur Fahrzeugspur absichtlich passiert.

Material

- Papier, A4-Format
- Tuchfeder
- schwarze Ausziehtusche

Aktionsplätze

- Maltisch

Rabenschwarze Hexenbilder mit Tuschfeder

Warum mögen Kinder Hexen? Vielleicht, weil sie als eine von wenigen erdachten Figuren moralisch uneindeutig sein dürfen: Hexen haben Zauberkräfte wie eine gute Fee, aber sie können diese auch für freche, bisweilen böse Ideen einsetzen. Hexen sind so, wie Kinder sind, nicht wie sie manchmal sein sollen.
Um Hexenbilder zu malen, schlägt die Ateliererzieherin den Kindern die Technik des Zeichnens mit Tuschfeder und Zeichentusche vor. Schon die schwarze Farbe, aber auch die Kratzigkeit der Zeichnung passt perfekt zu diesen dunklen, zauseligen Wesen: Tuschezeichnungen wirken gerade bei Kindern oft ein bisschen wild, dynamisch, aber auf keinen Fall säuberlich und sorgfältig.
Typisch für das Arbeiten mit Tusche bei kleinen Kindern ist, dass der Zufall sich immer dazu gesellt: Regelmäßig kommt es vor, dass aus der gerade frisch betankten Feder ein großer Klecks auf das Bild platscht. Ärgern und wegwischen bringt wenig, wohl aber Annehmen und Weiterspielen: Aus dem Fleck erfinden die Kinder, je nachdem wo er gelandet ist, weitere Bildfiguren – zum Beispiel einen zusätzlichen Besen, einen begleitenden Raben oder auch ein nettes Hexen-Hündchen.
„Lavierung" nennt der Kunstexperte die Technik, mit der einige Kinder schließlich den Körper ihrer Hexe grau färben: Tusche wird dafür mit Wasser verdünnt und mit dem Pinsel aufgetragen.

Erkenntnisse:

Am Arbeiten mit der Tuschfeder reizt Kinder die Vorstellung, dass sie ein uraltes Zeichen- und Schreibverfahren ausprobieren können. Mit echten Gänsefedern macht das natürlich besonders viel Spaß.

Das Zeichnen mit Tusche erfordert große Sorgfalt, um nicht zu viel zu klecksen und immer genug Farbe auf das Bild zu bekommen. Weil die Tuschfeder streng ihre optimale Schreibhaltung einfordert, ist das Tuschezeichnen ein prima Training für künftigen Schriftspracherwerb.

Material

- Papier, 50 x 70 cm
- mittelbreiter Malerpinsel
- weiße, unverdünnte Temperafarbe
- schwarze, verdünnte Ausziehtusche
- Schwamm

Aktionsplätze

- Maltisch

Gespensterkatze

Das Malen von Bildern ist immer eine Art Zauberei, bei der aus dem Nichts Gestalten erscheinen. Besonders unheimlich wird die Sache, wenn aus einem komplett weißen Bild, lange nachdem man gemalt hat, plötzlich eine bleiche Gestalt erscheint, sobald man schwarze Tusche auftupft. Die Absprengtechnik, mit der Alexander seine Geisterkatze gemalt ist, ist zu Unrecht etwas in Vergessenheit geraten, dabei kommt ihr Effekt gerade bei kleinen Kindern gut an. Er beruht darauf, dass Ausziehtusche zwar auf Papier, Bekleidung und Händen wunderbar haftet, jedoch von den glatten Schichten normaler Temperafarbe abgestoßen wird. Mit diesem Effekt vertraut, hat Alexander auf sein Bild eine Katze gemalt – was nicht einfach war, sieht er doch beim Malen mit Weiß auf Weiß wenig vom entstehenden Motiv. Das Bild wird nach dem Malen zum Trocknen weggelegt, um eine andere Beschäftigung zu beginnen. Gut durchgetrocknet, wird das nun erst recht leer wirkende Blatt der Prozedur des Überzugs mit Tusche unterzogen. Dafür gießt Alexander etwas Tusche auf sein Bild und verteilt diese dann schnell mit einem Lappen oder Schwamm. Wo das Bild zuvor unbemalt war, saugt sich die schwarze Tusche tief in das Papier ein, während sie bei den mit Farbe bemalten Passagen abperlt. Wo sie dieses nur zögerlich tut, bürstet Alexander vorsichtig mit einer nassen Zahnbürste nach. Die ehemals unsichtbare Katze präsentiert sich in ihrer ganzen rätselhaften Schönheit, und es ist nur logisch, dass dieses einem Röntgenbild ähnelnden Werk bald den Namen „Geisterkatze" verliehen bekommt.

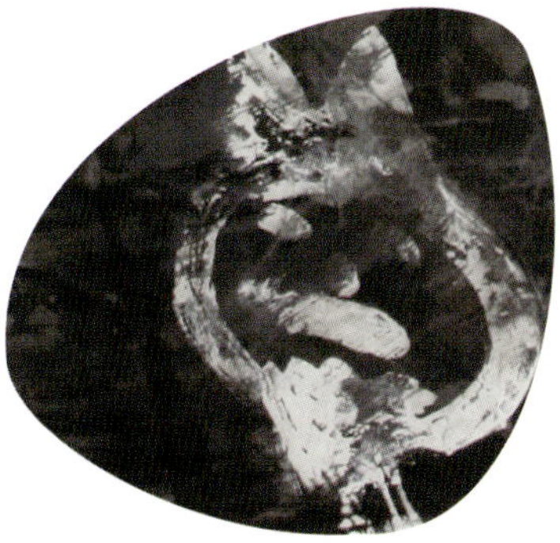

Erkenntnisse:

Überraschungseffekte machen Kindern immer Spaß. Das Absprengen der Tusche auf der Temperafarbe ist ihnen ein großes Rätsel, dem sie in Untersuchungsreihen mit ähnlichen Materialien gerne auf die Spur zu kommen versuchen.

Das dabei zustande gekommene Bild eignet sich auch, um über die Wirkung von schwarzer Farbe nachzudenken: Warum sieht die Katze jetzt auf einmal so gruselig aus? Warum macht uns das Dunkle Angst?

Atelier-Aktionen

„Wir machen was zusammen!“ Die nun folgenden Atelier-Geschichten haben gemeinsam, dass die Ateliererzieher durch Material und eine Idee einen Rahmen für eine kreative Aktion vorgegeben haben. Meist sind es Aktionen, bei denen ein besonderes Material, ein bestimmter Aufbau oder eine spezielle Technik im Mittelpunkt standen. Offene Angebote sind es dennoch, denn auch hier gilt: Jeder kann vieles ausprobieren. Kein Ergebnis muss dem anderen gleichen. Und das wichtigstes Ziel ist der Spaß am Spiel.

Licht-Spiele mit dem Projektor

Material

- Overhead Projektor mit zum Schutz des Glases aufgelegter Folie
- Farbfolien (am besten: Scheinwerferfolie)
- Gegenstände aus farbigem Glas
- Alltagsgegenstände aus dem Kindergarten

Aktionsplätze

- Projektor auf dem Tisch, gegenüber eine weiße Wand oder Leinwand (aus Bettlaken), abgedunkelter Raum

„Machen wir Kino?“, fragt Fritzi, als sie das abgedunkelte, aber an einer Wand durch einen Overhead Projektor hell erleuchtete Atelier betritt. „Vielleicht schon...“, sagt die Ateliererzieherin, und sie legt auf den Projektionstisch ein in Form geschnittenes Stück Farbfolie. „Eine Krone!“, rufen die Kinder begeistert, und das Prinzip ist ihnen klar: Aus bereitgelegten Folien können sie Formen ausschneiden, die an der Wand riesig vergrößert werden und so vielleicht eine Geschichte erzählen können. Mit den Scheren legen die Kinder los und zunächst stellen sie damit Figuren her, die dann feierlich auf den Projektortisch umgebettet werden. Es sieht toll aus, wenn diese riesig auf der Wand erscheinen, vor allem, weil übereinander gelegte Folien die Farbe verändern: Aus Blau und Gelb wird plötzlich Grün.

Natürlich übertragen die Kinder das Prinzip auch auf andere schneidbare Materialien. Papier jedoch erzeugt kein buntes oder wenigstens weißes Bild, sondern nur schwarze Flecken, die jedoch gut aussehen können, wenn das Papier interessant geformt ist – wie bei den goldenen Sternchen, die zwar ihre Goldfarbe nicht, wohl aber ihre Form behalten. Was passiert wohl, wenn man lustig geformte Dinge auflegt? Ein auf die Seite gelegtes Plastikpferd sieht fantastisch aus, während das auf den Tisch gesetzte Auto nur ein ödes Rechteck ergibt. „Du musst das drehen!", weiß Tilmann, und tatsächlich verbessert die Drehung das Aussehen des Fahrzeugs.
Schiebt man lange genug Dinge auf dem Projektortisch herum und lässt dazu eine fröhliche, leichte Hintergrundmusik ablaufen, dann entstehen von selbst beschwingte, kurzweilige Geschichten. Zur Filmmusik von „Die zauberhafte Welt der Amelie" hüpfen dann verliebte Dreiecke auf Pferderücken an der Wand umher und es ist für die Kinder völlig unstrittig, dass sie einem Kinoevent beiwohnen...

Erkenntnisse:

„Das hier könnte dein Dreieck sein!" – es ist gar nicht einfach, die Bilder an der Wand den verursachenden Folien und Objekten zuzuordnen. Vor allem, weil das Bild ja aus Sicht der Kinder gedreht scheint, wenn sie von vorne etwas auf den Projektor legen, was dann am oberen Rand erscheint. Viele Wirkungen von Dingen überraschen sie und regen sie zu weiteren Forschungen an.

Eine Collage, so groß wie wir alle

Material

- weißes Papier von der Rolle, etwa 150 x 200 cm
- Transparentpapier und Schnittreste
- Krepppapier auf Rolle, in etwa 5 cm breite Streifen vorgeschnitten
- Klebestifte
- Kleister in flachen Bechern mit Pinseln
- Scheren

Aktionsplätze

- Fußbodenfläche mit reichlich Laufplatz um das Papier herum

Jeder malt immer sein Bild. „Können wir nicht auch ein Riesenbild zusammen machen?“, wollen die Kinder wissen. Die Ateliererzieherin schlägt vor, ein Riesenbild lieber mit der Collage-Technik zu füllen und legt dafür beim nächsten Maltag um ein aus mehreren Posterformaten zusammengeklebtes, großformatiges Papier viele Rollen farbiger Folien, Krepp- und Glanzpapier bereit, dazu noch Klebestifte sowie flache Becher mit Kleister und Pinsel. Ganz schön viel Material? Nicht mehr, als würden alle Kinder einzeln ein kleines Blatt füllen!
Am Anfang sitzen die Kinder etwas scheu um das Papier herum, scheinen durch dessen Größe fast abgeschreckt zu sein, aber die Ateliererzieherin schlägt vor, doch zunächst einmal in einzelnen kleinen Ecken anzufangen. Der erste schneidet los: ein

Fisch und bald eine Wellenlinie besiedeln das Blatt und schon steigen die anderen Kinder ein. Je mehr die Papiere beschnitten sind, desto leichter kommen die Ideen, denn die Bögen, aus denen kleine Sterne, Wölkchen oder Häuser herausgeschnitten werden, bringen die Kinder auf immer neue Ideen.
Die transparenten Papiere haben es den Kindern besonders angetan, sieht man doch durch sie darunter liegende Papierschichten, wie als blicke man von oben ins Wasser auf einen Fisch. Der Effekt wird bald bewusst eingesetzt und kleine Wesen hinter transparenten Papierbahnen fast vollständig versteckt. Die Bildmotive der Kinder wachsen allmählich zusammen und aus einzelnen „Spielplätzen" der jeweiligen Bildgeschichte wird eine zusammenfließende Handlung.
Es ist wie bei vielen Atelier-Vorhaben: Beim Tun entstehen immer neue Ideen, mit welcher Technik man das Bild füllen könnte und was es zeigen soll. Statt das aufzuklebende Papier vorab einzukleistern, überlegt Linus, ob man auch erst Kleister auf den Untergrund kleben könnte, um nun das Papier, kunstvoll zur Schleife gelegt, darauf fliegen und landen zu lassen. Immer dreidimensionaler wird das große Gemeinschaftsbild, um das sich die Kinder nach mühsamen, aber tapferen Aufräumarbeiten fürs Foto gruppieren: Unser Bild!

Erkenntnisse:

Quietschbunt wird diese Großcollage – und all die zusammentreffenden Farbflecken auf ihr ermöglichen den Kindern, ihren Sinn für Schönheit zu entwickeln: Das Blau auf dem Rosa sieht so schön aus! Das kleine Gold auf dem großen Grün wirkt so traurig! Bei den Transparentpapieren entstehen sogar Mischfarben: Wo Gelb über Rot klebt, ist Orange zu sehen.

Malmaschine mit Personenbedienung

Material

- großes weißes Tuch auf selbstgezimmertem Holzrahmen (vier Leisten, getackert)
- Papierfläche, 140 x 200 cm (aus vier 70 x 100 cm Papieren zusammengeklebt oder von der Rolle)
- Temperafarben in verschiedenen Farbtönen
- 2 Meter langer Bambusstab
- Plastikeimer mit Henkel

Aktionsplätze

- Im Garten, auf verschmutzbaren Steinplatten

Das ist herrlich: Einmal die Farbe kleckern, pladdern und fließen zu lassen, statt immer auf der Hut vor Verschwendung und Verschmutzung zu sein. Ab und zu gönnen wir Kindern den Spaß, üppig mit Farbe umzugehen und ihrer Lust am Matschen freien Lauf zu lassen: Warme Sommertage sind genau richtig für ein solches Vorhaben, das in der Tradition das Action Paintings des amerika-

nischen Malers Jackson Pollock steht.
Ein einfaches, jedoch hochspannendes Malgerät hat die Ateliererzieherin dafür erfunden: Einen Joghurteimer mit Henkel hat sie auf eine Bambusstange, die länger ist als das Bild breit, gesteckt und etwas Farbe hinein gefüllt. Diese darf ruhig mit Wasser gestreckt sein, um die Fließfähigkeit zu erhöhen (und den finanziellen Wert jedes Farbgusses zu vermindern!) Gemalt werden kann mit dieser Konstruktion, indem zwei Kinder die Stange an beiden Seiten anfassen und über das Bild führen. Wackelt man an der Stange, kommt der Eimer ins Schwingen und wird seinen Inhalt bald an das Bild abgeben. Es ist gar nicht so einfach, bewusst bestimmte Orte auf der Malfläche auf diese Weise mit Farbe zu bedecken.
Die Kinder entwickeln Ideen, wie man diese „Malmaschine mit Personenbedienung" erweitern könnte und an einem warmen Sommertag ist Zeit für das Ausprobieren: Man könnte den Eimer lochen und die Farbe auf das Bild herabtröpfeln lassen. Man könnte Schwämme an die Stange binden, sodass sie gerade das Papier berühren, und vorher tief in Farbe tunken. Möglich wäre vielleicht auch, dicke Pinsel mit Farbe an einem flexiblen Band aufzuhängen, die dann auf und ab hüpfen und bei jeder Bewegung einen Punkt erzeugen – ausprobieren lohnt sich! In jedem Fall funktioniert Oles Idee: Eine schon fast leere Farbflasche mit Wasser auffüllen, Flaschenöffnung Richtung Bild ausrichten und kräftig die Farbflasche drücken, worauf ein bunter Strahl auf das Bild zischt. All das macht Spaß – und produziert jede Menge Effekte, die nach dem Trocknen wirklich schön aussehen.

Erkenntnisse:

Überall steckt Physik drin: Die kurvigen Farbspuren auf dem Action Painting-Gemälde halten unterschiedliche physikalische Effekte fest, deren Beobachtung den Hauptspaß für die Kinder beim Tun ausmachen. Etwa, wenn die Zentrifugalkraft beim Wippen des Farbeimers am Stock zum Zuge kommt oder der Aufprall der Farbe aus großer Höhe zum seitlichen Wegspritzen führt. Ein gelegentliches Action Painting ist keine Verschwendung, sondern Kunst und Tüftler-Experiment in einem.

„Ich und Emil Nolde, wir malen das so!“

Material

- großformatiges Papier, 70 x 100 cm
- Abbildungen von Künstlern und Kunstwerken an Schauwand
- Zeichenkohle
- Temperafarben, Wachskreiden

Aktionsplätze

- Staffelei mit Malbrett und Wäscheklammern zur Befestigung des Papiers

Kindergartenkinder sind gute Kunstbetrachter – weil sie gerne Mal- und Zeichentricks abschauen. In unserem Kindergartenatelier ist es seit einiger Zeit Thema, sich die Werke eines großen Künstlers anzuschauen: Auf einer dafür aufgestellten Staffelei mit Malbrett hängt die Ateliererzieherin wechselnd Abbildungen von Kunstwerken mit den jeweiligen Künstlern dazu auf. Beim zweiten oder dritten Künstler, dessen Werke sich die Kinder genau betrachten, fallen ihnen die Unterschiede in den Malweisen immer deutlicher ins Auge: Der eine, Picasso, hat offenbar alles ganz eckig gemalt, auch wenn es eigentlich rund ist. Hundertwasser dagegen liebt, bemerken die Kinder, gerin-

gelte Formen: Sowohl bei seinen Häusern wie auch Bildern laufen ganz oft Linien nebeneinander und der Irrgarten dazwischen ist mit allen Farben des Regenbogens abwechselnd gemalt. Schön bunt ist das Ganze, genau wie bei einem großen Blumenmaler namens Emil Nolde, bei dem die Kinder entdecken, dass er auf den Bildern oft gar keinen Abstand zwischen den gemalten „Sachen" gelassen hat: Mohnblume drängt sich an Mohnblume, gerade ist noch Platz für Blätter und einen knallblauen Himmel, der überhaupt nicht aussieht, als wäre er hinter den Blumen.
Wie als hätte ihnen ein anderes Kind in der Gruppe gezeigt, wie man etwas malt, greifen die Kinder bei der an die Kunstbetrachtung anschließenden Gestaltungsphase die Malweise und die Motive der Vorbildkünstler auf. Picassos kratziges Porträt findet sich bald in ähnlich markanten Bildern aus fetten, eckigen Kohlestrichen wieder und die damit erzeugten Gesichter schauen noch grimmiger drein als das Original. Sanfter geht es beim Hundertwasser-Malen zu, denn das Zeichnen unendlicher Strich-Labyrinthe wirkt beruhigend, regelrecht meditativ. Und Emil Nolde macht die Kinder duldsam: Damit fließende, knallige Farben beim vollständigen Ausmalen der Malfläche nicht ineinanderfließen, muss man zwischendurch ganz schön lange warten!

Erkenntnisse:

Wie wirkt ein Bild auf mich? Diese Frage können Kinder beim Bildbetrachten nicht so gut beantworten wie nach dem Nachmalen. Wenn sie sich dabei ganz selbstverständlich auf die Spur der jeweiligen Maltechnik machen, kommen sie dem Ausdruck des Bildes durch das eigene Malen sehr nahe. Unversehens wächst dabei ihr Gefühl für malerische Ausdrucksmöglichkeiten: Jetzt male ich mal so zackig wie Picasso, weil mir gerade danach ist, selbst ein bisschen zackig zu sein.

Unsere Blume gleicht keiner

Material

- großformatiges Papier, 70 x 100 cm
- Kohlestift
- Temperafarbe
- Palette, Wassertopf
- Pinsel
- Staffelei, Malbrett

Aktionsplätze

- Überall im Garten, wo Blumen blühen

Aus dem Kopf malen Kinder viel, selten nach der Anschauung. Vielleicht, weil ihnen die Dinge, die sie sehen, nicht malenswert erscheinen, wo sie doch auch „in echt" betrachtet werden können, was für die Fantasiebilder im Kopf eindeutig nicht gilt. Schöne Blumen im Garten, die es bei diesem Angebot anzumalen gilt, liefern einen triftigen Grund, ausnahmsweise etwas Vorhandenes abzumalen: Ihre Vergänglichkeit ist den Kindern klar – so lange haben sie auf das Aufgehen der Blüte gewartet und schon will sie wieder verschwinden. Muss man das nicht einfach mit Pinsel und Farbe festhalten?

Muss jeder das gleiche malen? Natürlich nicht – es gibt so viele kleine und große Blumen, vor denen man seine Staffelei aufbauen kann. Eine ganz schöne Schufterei für die Ateliererzieherin ist das, aber das Ergebnis lohnt: 12 Kinder malen ungestört an ihrem persönlich ausgewählten und nun intensiv erfahrenen Gartenplatz.

Auch Kinder, die sonst eher mit symbolischen Formen für ihre Bildfiguren arbeiten, können hohen Ehrgeiz entwickeln, wenn es gilt, Dinge aus der Natur zu malen. Dünne Kohlestifte als Material zum Vorzeichnen sind dafür gut geeignet, denn daneben gegangene Striche – und die gibt es bei diesem betretenen zeichnerischen Neuland viele – können fast rückstandslos korrigiert werden. Stimmen Blattform, Blütenzahl und Umgebung? Dann kann mit dem Ausmalen begonnen werden. Auch hier ist der Ehrgeiz mancher Kinder groß, unterschiedliche Rosa- und Rottöne für Blütenblätter und hellere und dunklere Grüntöne für Stiel und Blatt anzumischen.
Wenn die Bilder fertig sind, werden die Staffeleien an einem zentralen Ort versammelt, und wie die Bilder nun beieinander stehen, entsteht daraus eine Art Memory: Zeig mir dein Bild – und ich suche deine Blume!

Erkenntnisse:

Genaues Hinsehen und Abzeichnen ist anstrengend, und manche Kinder scheuen das auch. Aber anstrengend ist vor allem, dass sich in solchen Momenten der eigene Zeichenvorrat erheblich erweitern kann: Vorher gab es vielleicht zwei verschiedene Wege, Blumen zu zeichnen, plötzlich aber eine ganze Palette an Möglichkeiten. Ein gar nicht hoch genug einzuschätzender Nebeneffekt ist, dass Beobachten und Nachmalen die Wahrnehmung unglaublich schärft: Kaum einen besseren Weg gibt es, die Form von Dingen zu erfahren, indem man sie nachmalt.

Kunstrecycling oder: Ein Bild aus lauter bunten Flecken

Material

- viele Rest-Bilder
- Pappe
- Schere
- Kleister
- Bleistifte

Aktionsplätze

- Maltisch

Wohin mit all den bemalten Papierbögen, die nie zum vollwertigen Bild wurden, weil den Kindern nach ein paar Pinselstrichen etwas nicht gefiel, die Lust ausging, oder man sich am Bild sattgesehen hatte? Ziel dieser Aktion ist Kunst-Recycling in seiner schönsten Form. Dazu legt die Ateliererzieherin all die Rest-Bilder, die sich in den letzten Wochen und Monaten angesammelt haben, auf dem Boden aus und lädt die Kinder ein, nach schönen Stellen zu suchen. Jedes Kind erhält dazu ein Hilfsmittel, nämlich eine Art Passepartout aus einem Stück Pappe, in das ein postkarten- oder A4-großes Loch geschnitten wurde. Wird dieses über eines der Bilder geschoben, kommt es im mer wieder

vor, dass sich zwischen all den Farbflecken plötzlich Landschaften oder Figuren zeigen: Ein bisher unbeachteter roter Farbklecks offenbart durch den Bildausschnitt plötzlich seine Schildkrötenform, andere Pinselstriche sehen wie Blumen oder Autos aus. „Wer etwas findet, markiert das einfach mit einem Strich!“, erklärt die Ateliererzieherin, und bald fahren die Kinder mit dem Stift das Innere des Papprahmens nach, um anschließend das Bild entlang der Linie auszuschneiden.
Das Ausschneiden kleiner Bereiche aus den großen Papieren produziert natürlich jede Menge Schnipsel – aber die sind gewünscht: Die Ateliererzieherin lädt die Kinder ein, große Schnipsel durch zufälliges Reißen und Zerschneiden weiter zu zerkleinern und dann unter den kleinen bunten Teilen wiederum auf Suche zu gehen – nach Bildfiguren oder Dingen, die die kleinen Landschaften bevölkern könnten. Das funktioniert gut: Hier ist eindeutig eine Palme, dort eine rote Sonne, hier eine Art Monster zu finden, das noch etwas zurecht gestutzt werden muss. Je mehr sich bei diesem Suchen und Auflegen der Schnipsel konkrete Bildthemen ergeben, desto gezielter suchen die Kinder auch nach Bildfiguren, die sie zur Vervollständigung ihres Bildes oder einem Fortsetzungsbild benötigen.
Stehen die Bildfiguren fest? Dann können Sie nun aufgeklebt und vielleicht noch mit einem schönen Rahmen versehen werden. Jedes Bild, so zufällig es auch entstanden ist, enthält eine Geschichte, die als willkommener Sprachanlass vorgestellt werden sollte.

Erkenntnisse:

„Sieht aus wie...“ Beim Beobachten von Wolken erkennen wir plötzlich Figuren in den unklaren Formen. Für Kinder haben das Betrachten der Zufallsspuren auf den Bildern und ihr Verwenden als Bildfigur den Vorteil, dass sie in der Lage sind, Formen darzustellen, die sie noch nicht zeichnerisch widergeben können. Gleichzeitig lernen sie anhand dieser interpretierten Formen die charakteristische Form der Dinge genauer kennen: Aus „Sieht wie eine Rose aus!“ wird dann „So kann ich eine Rose malen!“

Der verlorene und wiedergefundene Regenbogen

Material

- großformatiges Papier, 70 x 100 cm
- Digitalkamera, Fotopapier, Farbdrucker
- Klebstoff
- Buntstifte

Aktionsplätze

- Klebetisch
- überall im und um den Kindergarten herum

Auf die vierjährigen Kinder wartet im Atelier auf einer Staffelei ein Poster mit einem traurigen Regenbogen aus schwarzweißen Konturen – und die Ateliererzieherin weiß eine Geschichte dazu: Ein Drache hat offenbar dem Regenbogen die Farben geklaut. Vielleicht, weil er damit gespielt hat und dann so schnell nach Hause musste, dass er sie versehentlich mitgenommen hat, überlegen die Kinder. Um die Farben wiederzubekommen, schlägt die Ateliererzieherin vor, auf Fotojagd zu gehen – und sie teilt mit den Kindern Foto-Teams ein, die jeweils eine der fünf wichtigsten Regenbogenfarben überall im Haus suchen sollen. „Wir nehmen Rot! Wir Gelb!", rufen alle durcheinander. Wer nimmt bloß Lila? Fünf Kameras liegen bereit, und damit sich die Foto-Teams an ihre Aufträge erinnern, wird jedes mit einem Punkt in der zu suchenden Farbe gekennzeichnet.

Weil es im Kindergarten fünf Farbgruppen gibt, schlagen die Kinder vor, genau nach diesen Farbtönen zu suchen. Es macht Spaß, das Haus auf der Pirsch nach verstecktem Rot, Gelb, Grün, Orange oder Lila zu durchsuchen.

Kniffelig ist, auch kleine bunte Dinge gut auf das Bild zu bekommen: Das winzige blaue Blümlein auf der großen Wiese übersieht man auf dem Foto schnell und denkt dann, das Bild gehöre zur Grün-Gruppe. So beginnen die Kinder, über gute Bildausschnitte nachzudenken.

Die Farb-Pirsch ist beendet, und nun gilt es, Bilder auszudrucken und nach Farben zu ordnen. Nicht zu jeder Farbe sind gleich viele Motive gefunden worden, aber es reicht, um mit den Fotos das Plakat zu bekleben – und damit dem Regenbogen seine verloren geglaubten Farben wiederzugeben.

Erkenntnisse:

Die Wahrnehmung der Kinder schult es, wenn sie ihr gewohntes Umfeld plötzlich mit neuem Blickwinkel anschauen, wie es bei der Farb-Pirsch passiert.

Nicht selten kommt es beim Sammeln von Farben zu Diskussionen darüber, welche Farbe genau gefunden wurde: Ist das noch Blau? Oder schon Lila? Intuitiv begegnen die Kinder dem Phänomen, dass Farben nicht eindeutig sind, sondern einem Spektrum entstammen.

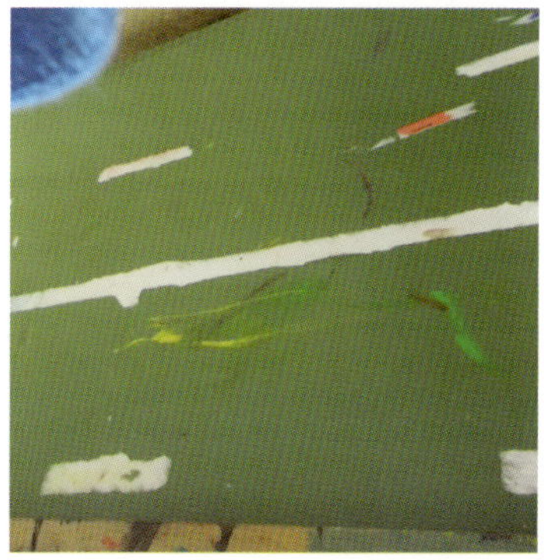

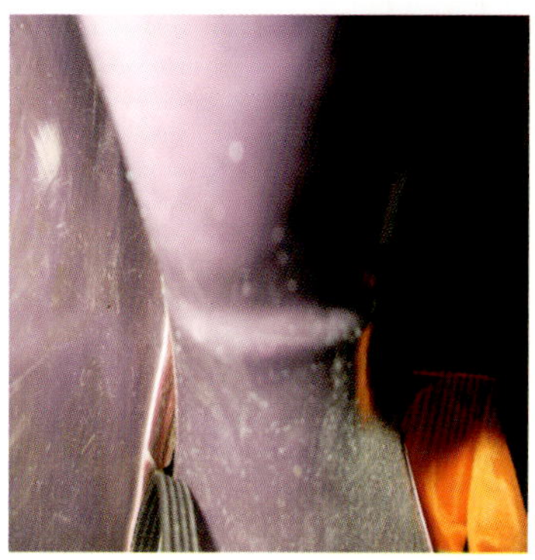

Es flattert in der Kiste...

Material

- Pappkartons (Schuhkartons oder ähnlich große Pappkisten)
- Temperafarben
- Sand
- Kleister, Kleber
- Schnur
- Klebstoff, Papier, Pappe
- Alltagsmaterial

Aktionsplätze

- Arbeitstisch

Kinder brauchen und lieben Kisten – um Schätze darin zu verstecken, um Puppen oder Plastikfiguren damit ein Heim zu geben, um eben einen Raum für sich zu haben, sei er auch noch so klein. Bei diesem Projekt wird aus jeder Kiste eine eigene Welt, und die darf so verschieden sein, wie die Welt eben ist. Ein paar Techniken kriegen die Kinder, die reichlich Schuhkartons von daheim mitgebracht haben, erklärt und vorgeschlagen: Auf der innenliegenden Rückseite, Seitenwänden und der Oberseite des Kartons kann mit Temperafarben ein blauer Himmel, die grüne Natur oder ein anderer Ausblick entstehen. Damit sich der Boden dieser Kisten-Welt echt anfühlt, ist es eine gute Idee, ihn mit einem Mix aus erdiger

Farbe, Sand und Kleister einzuschmieren. Und dreidimensional erscheinende Dinge können entweder aus Kistchen und Plastikteilen eingebaut werden – oder, wenn sie zum Himmel gehören sollen, an dünnen Schnüren angehängt werden.
Es gibt viele Dinge, die geeignet sind, in einem solchen Kasten zu schweben: Neben den Fischen des häufig zu sehenden Aquariums stellen Kinder auch Flugzeuge und baumelnde Wolken her, die über der Startbahn hängen, bauen Bäume und Pflanzen und hübsche Schmetterlinge hinein, oder errichten in der Karton-Welt den alten Kindertraum; nämlich die Treppe, die bis in den Himmel führt.

Erkenntnisse:

Warum sieht das so echt aus? An ihrem Schaukasten erleben die Kinder zwei Effekte, die echtes Leben ausmachen: Einmal ist die kleine Kisten-Welt dreidimensional, und „echt" sieht sie besonders aus, wenn sich durch eigene Bewegung die Perspektive verändert. Zweitens erzeugt die Bewegung der hängenden Wolken, Flugzeuge oder Sterne den Eindruck von Lebendigkeit: Leben ist Bewegung.

Kroko & Co, die Tontiere

Material

- Ton
- Gipsplatte als Unterlage
- Schneidedraht, diverse Modellierhölzer
- grüne Farbglasur

Aktionsplätze

- Ton-Tisch, wahlweise auch normaler Arbeitstisch mit wasserfester Plastiktischdecke

Grüne Glasur ist eingetroffen und will verwendet werden: Was liegt da näher, als Krokodile aus Ton zu kneten? Für die kleinen Kinder sind es die ersten Begegnungen mit dem klebrigen Material, und es ist gut, dass sie beim Krokodil-Kneten eine Menge einfacher Ton-Techniken erproben können, ohne gleich an die Grenzen ihrer Fähigkeiten zu stoßen.
Erster Schritt ist das Abschneiden einer Tonplatte pro Kind aus dem großen Tonblock. Mit einem Schneidedraht geht das wie Brotschneiden – Krafteinsatz und Fingerspitzengefühl sind nötig, um eine einigermaßen gleichmäßig dicke Scheibe zu erhalten. Diese Scheibe zerteilen die Kinder nun, um für Körper und Beine Ton parat zu haben, und beginnen durch Klopfen, Drü-

cken und Kneten, den Körper des Krokodils zu formen. Aus dem zweiten Tonklumpen entstehen vier Beine, manchmal noch dicke Kulleraugen. Diese werden nun mit dem Modellierholz etwas angeraut, ebenso der Kroko-Körper an der anzubringenden Stelle, dann kräftig angedrückt: hält!
Krokodil schon fertig? Nein, die ganzen Zacken fehlen doch noch! Die Kinder entwickeln Ideen, wie man das bewerkstelligen könnte: Zum Beispiel durch gleichmäßigen Fingerdruck im Pinzettengriff, durch Ankleben kleiner Zacken, die vorher aus plattem Ton geschnitten wurden, oder durch Ankleben kleiner Kügelchen, die fleißig aus wenig Ton gerollt wurden. Und wie versieht man den Kopf des Tieres mit einem Mund – Einschneiden mit dem Tonmesser? Aufkleben? Mit dem Zugewinn an technischer Sicherheit wächst der Ideenreichtum der Kinder – und es entstehen in ähnlicher Manier Schlangen, dicke Frösche und ein kleiner Wald als Lebensort für die ganzen Tiere. Jetzt noch Geduld beweisen, um die Tiere trocknen zu lassen und um sie zu glasieren – und dann gespannt abwarten, wie sie sich in der Gluthitze des Brennofens zu harten, glatten Wesen verwandeln!

Erkenntnisse:

Fußabdrücke, Kleckerflecken, Sitzmulden im Sessel: Menschen hinterlassen Spuren, Kinder ganz besonders. Beim Arbeiten mit Ton geht es darum, gezielt Spuren zu erzeugen, um damit eine bestimmte Form zu erhalten. Immer wieder können Kinder dabei Werkzeuge oder ihre Finger darauf überprüfen, was für Muster sie hinterlassen.

Wasser marsch im Tonbecken!

Material

- Ton, Tonschlicker
- diverse Modellierhölze

Aktionsplätze

- Ton-Tisch, wahlweise auch normaler Arbeitstisch mit wasserfester Plastiktischdecke

Brunnen haben es Kindern ohne Zweifel angetan: Wen reizt es nicht, Steine in den Dorfbrunnen plumpsen zu lassen, wer bildet nicht im Sand instabile Wasserbecken, wer hat nie aus Kartoffelbrei einen Krater für die Soße gebildet? Das alte Spiel vom Dammbau macht mit dem Material Ton besonders Spaß – und gleichzeitig führt es dazu, dass Kinder besonders sorgsam arbeiten lernen.
So kann man vorgehen: Die Ateliererzieherin zeigt Bilder von mehrschaligen Brunnen und schlägt vor, aus reichlich Ton einen eigenen Brunnen zu entwerfen. Grundsätzlich bieten sich dafür zwei Ton-Techniken an, nämlich abtragende und aufbauende. So kann man ähnliche Ergebnisse erzielen, indem man entweder den Brunnen aus einem

großen Tonklotz mit einer Modellierschlinge herausschält oder mithilfe von Platten- und Fingerdrucktechnik einen Boden aus Ton mit einem stabilen und gut abgedichteten Rand versieht. Beide Wege können von den Kindern gewählt werden, wobei die Abtragetechnik einfacher ist, aber zu klotzigen Gebilden führt, während aufbauende Techniken wesentlich ästhetischere Brunnen hervorbringen. Beiden Techniken ist gemeinsam, dass es zuerst einmal um ein dichtes Grundbecken gehen soll, in dem sich das Wasser später sammeln wird, nachdem es aus einem höheren Becken abgeflossen ist.
Wenn mehrere Kinder zusammenarbeiten, entsteht schnell aus dem Grundaufbau ein immer komplexer werdendes Kanalsystem. Bei Jim, Jakob und Jonathan muss Wasser genau in der Mitte ihres kreisrunden Haupt-Brunnens in eine Art Schale gegossen werden, die aus vielen kleinen Tonstückchen zusammengesetzt und sorgsam abgedichtet wurde. Von dort führt ein Überlauf im Kreis wie bei einem Burggraben hinab ins umgebende Becken, dessen Kreisbahn von Brücken verziert wird. Sollte dieses Becken überlaufen, könnte das Wasser in zahlreiche Nebenkanäle abfließen, die die Jungen nach und nach an das Brunnenobjekt anbauen, bis schließlich der ganze Tisch zugebaut ist. Nein, brennen kann man dieses Objekt kaum, aber weil gut modellierter und glatt verstrichener Ton eine Weile wasserdicht ist, kann er noch bespielt werden, bis er schließlich zu einem neuen Objekt verarbeitet wird.

Erkenntnisse:

Das Material Ton bietet zahlreiche Erfahrungsmöglichkeiten für Kinder. Sein Verhalten unter Wassereinfluss ist wohl am faszinierendsten: Getrockneter Ton saugt Wasser geradezu gierig auf. Mit Wasser angereicherter Ton hat hingegen eine abdichtende Wirkung – deswegen wirkt er auf dem Grund von Seen wie eine natürliche Teichfolie.

Nachgebaut: Unsere Kindergarten-Welt

Material

- Ton, Tonschlicker, Glasur
- diverse Modellierhölzer, Tonmesser
- Papier, Tonpapier, Pappen,
- Temperafarben, Pinsel, Palette, Wasserbecher
- Schaschlikstäbe, Korken
- Schnur
- Zweige

Aktionsplätze

- Ton-Tisch
- Arbeitstisch oder Fußboden

„Das ist der Kindergarten und hier ist die Straße..." Oft kommt es vor, dass die Kinder beim Bauen und Autospielen Klötze für das Kindergarten-Gebäude erklären. Wie aber sieht die Welt, in der man sich täglich aufhält, genau aus? Bei einer Kinderkonferenz, in der die großen Projekte festgelegt werden, äußern die Kinder genau diesen Wunsch: „Wir sollen mal den Kindergarten und die Straße und den Garten nachbauen, wie in echt, nur kleiner!" Am Beginn stehen viele Wortmeldungen, was es alles für Häuser und Dinge rund um das Haus gibt – und dann bald die Einsicht: Wir müssen uns, ehe wir das Nachbauen beginnen, erst einmal gründlich umschauen, wie das alles wirklich aussieht: Ist das Dach spitz oder flach? Ist der Supermarkt direkt nebenan oder doch

weiter weg? Überraschend ist für die Kinder die Erkenntnis, wie viele solcher Fragen sie gar nicht genau beantworten können.
Eine große Graupappe, 70 x 100 cm, liegt als Grundfläche bereit. Wie viele Häuser der Umgebung sollen darauf – alle die, in denen Kinder der Gruppe wohnen? Wird das nicht viel zu eng? Die Kinder verstehen, dass es sinnvoll ist, keinen allzu kleinen Maßstab zu wählen. Gut ist, wenn auf der nachgebauten Welt die beliebten Spielzeugautos eingesetzt werden können. Als die entsprechend breite Straße, die vor dem Kindergarten entlangführt, eingezeichnet ist, wird klarer, wie viele Häuser darauf passen: Der Kindergarten, die beiden Nebenhäuser und der Bauspielplatz gegenüber dürfen nicht fehlen.
Woraus sollen die Häuser gebaut werden? Die Kinder wissen schon, woraus der ehrwürdige Ziegelbau ihrer Einrichtung besteht und schlagen logischerweise das gleiche Material vor: roter Ton. Dieser wird zu fingerdicken Platten ausgewalzt, in die mit dem Tonmesser Fenster eingeschnitten werden. Vorsichtig werden diese zu rechtwinklig aufeinandertreffenden Wänden verbogen und aneinander befestigt. Nach der Trocknung des Tons einige Tage später wird dieser mit Farbglasuren angemalt, ebenso die aus Ton gefertigten Bäume des Gartens. Die Häuser sind fertig, aber der Untergrund noch nicht. Die tönernen Gebäude werden herumgeschoben, bis ihre Aufstellung ungefähr der Realität entspricht. Zur Ausgestaltung haben die Kinder viele Ideen: Die Wiese wird mit Grün bemalt, die Straße mit Grau, Hellgrau und weißen Streifen. Klettergerüste entstehen aus Zweigen und auf der meistens leeren Fläche vor dem Haus wächst bald aus Schaschlikstäben, Schnüren und Papier ein buntes Kinderfest heran.

Erkenntnisse:

Kinder mögen Modelle – aus gutem Grund: Sie erhalten durch die Verkleinerung Orientierung über die Raumordnung. Indem sie die Welt in Miniatur nachempfinden, können sie ihre Perspektive darauf erweitern: Vom Mittendrin wechseln sie zum mehr und mehr verstehenden Überblick über die Dinge.

Pappkamerad und Restmüllroboter

Material

- Pappröhren (Innenrolle von Klopapier, Geschenkpapier oder Posterrolle)
- Pappkisten, Pappkartons, Eierkartons
- Jogurtbecher, Pralinen-Innenverpackungen
- Heißkleber, Kreppklebeband, Paketklebeband, Papierkleber
- Schere, Eisensäge, stumpfe Messer mit Wellenschliff

Aktionsplätze

- Arbeitstisch, Fußboden, Werkbank

Ein Hauch von Recyclinghof sollte jedes Atelier durchwehen: Altmaterialien sind für Kinder, denen der Wert der Dinge nicht so viel bedeutet wie uns Großen, einfach ein prima Mengen-Material. Auch, weil er so gut sortiert ist, ist der moderne Recyclinghof als Vorbild geeignet: Je mehr Krempel Kinder zur Verfügung haben, desto mehr ist ihnen ein ordentliches Angebot wichtig, bei dem man schnell findet, was man braucht. Allzu konkrete Aktionsvorschläge brauchen Kinder in dieser speziellen Bau-Ecke kaum, höchstens eine Idee: „Wollen wir Roboter bauen?" Die Techniken, die sie zur Ausführung brauchen, könnte man in konstruierende und dekorierende aufteilen. Zunächst zu den erstgenannten: Um den Körper für ihre Figuren zu errichten, benötigen die Kinder passende Bauteile, die oft noch zugeschnitten werden müssen. Zum Zerteilen der meist aus Pappe bestehenden Teile eignen sich Feinsägen – wie z.B. die Eisensäge zum Zerlegen der Posterrolle. Es gilt,das zu sägende Werkstück so gut wie möglich zu fixieren, um Gefahren zu vermeiden – zum Beispiel durch Einspannen in der Werkbank oder gegenseitigem Festhalten des Kartons. Unkompliziert zum Befestigen der Bauteile aneinander ist Klebeband. Beim Arbeiten mit Heißkleber, der Kartons aufgrund der Faserstruktur gut verbindet, sei empfohlen: Das Werkstück in der gewünschten Form zusammenstecken und mit Punktklebung verbinden. Für das Dekorieren braucht es Schubkästen voller bunter, glitzernder Dinge in vielen schönen Formen, also Becher verschiedener Joghurt- und Fruchtquarksorten, allerlei Deckel, vielleicht die metallisch glänzenden Kaffee-Pad-Döschen, die Innenteile von Pralinenschachteln und dazu noch bunte Knöpfe... und eine Handvoll Strohhalme kann auch nicht schaden.

Erkenntnisse:

Wie wird das stabil? Gerade hohe Figuren wie die Roboter zwingen Kinder, sich bis zur Lösung des Problems mit Statikfragen zu beschäftigen. Wie bekomme ich es hin, dass meine Figur nicht umfällt, sondern hält?

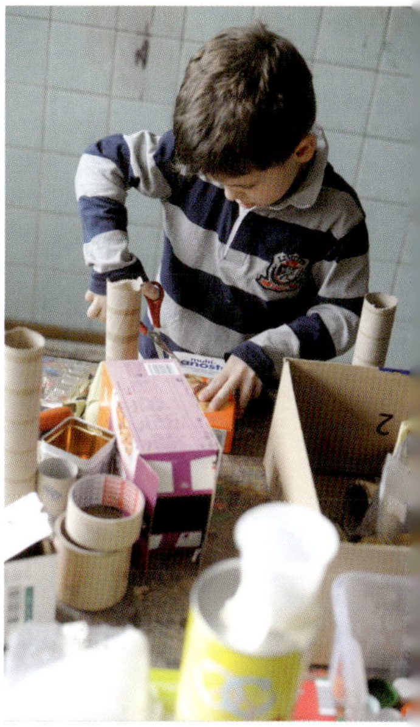

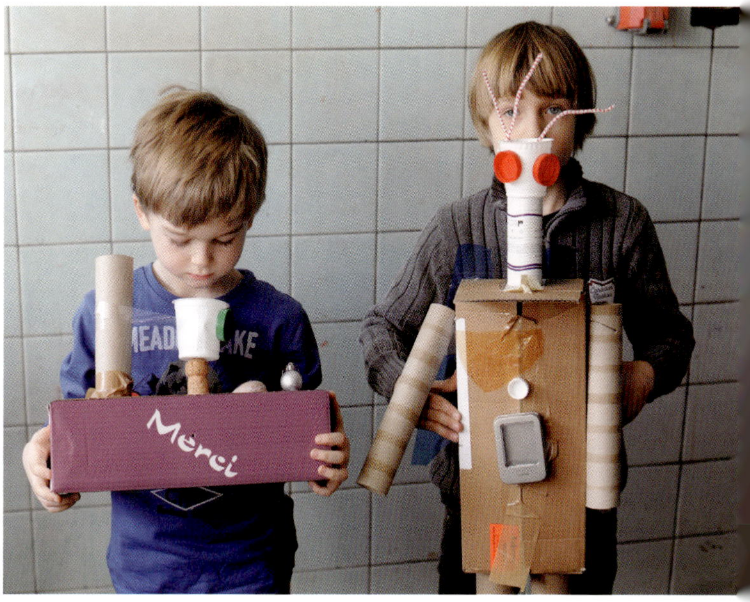

Die Buchmacher

Material

- Graupappe oder stabiler Pappkarton
- Leinen, weiche Lederreste
- schönes Papier für die Buchseiten oder bereits gemalte Bilder eines Formats
- Mökol-Kleber oder Holzleim
- Bindfaden
- Handbohrer mit mittelgroßem Holzbohrer (Größe 5-7)

Aktionsplätze

- Arbeitstisch, wischbar, zusätzlich ein Holzbrett als Unterlage beim Bohren

Dass Kinder aus Bildern Bücher machen, ist Alltag im Atelier. Bei diesem Vorhaben lernen sie statt der einfachen gefalteten, mit Tesafilm geklebten oder gehefteten Bücher, einmal eine ästhetisch überzeugende, da professionell aussehende Buchbindetechnik kennen – die der Schmetterlingsbindung.
Ein ganzer Stoß gleich großer Papiere kann damit zum Buch verarbeitet werden – entweder, um dieses anschließend wie ein Skizzenbuch zu füllen oder bereits vorhandene Bilder im gleichen Format zu einem Werk zu vereinen.
Erster Schritt ist das Zurechtschneiden der beiden Buchdeckel aus stabiler Pappe, Graupappe oder Pappkarton. Achtung: Bei Pappkarton muss dieser so ausgeschnitten werden, dass die Falten des Kartons parallel

zum Seitenrand des Buches laufen, damit man diesen später gut knicken kann. Bevor das Buch zusammengebaut wird, sollen die Kinder erst einmal den Buchdeckel gestalten. Fertig? Jetzt wird der obere Deckel mit einem angemessenen Abstand zum linken Rand gefalzt, damit er sich besser aufklappen lässt. Nun legen wir den Buchblock – also die Seiten des Buches – linksbündig zwischen die Deckel und klemmen alles mit einer Buchklemme (siehe Foto) oder zwei Schraubzwingen und zwei quer eingespannten Holzleisten vorsichtig zusammen. Dabei muss der linke Rand über die Tischkante hinweg überstehen: Er soll nun gelocht werden, um hier die Bindung anzubringen. Zum Lochen verwendet man bei größeren Büchern und dicken Papieren am besten einen Handbohrer. Vorsichtig werden in den Streifen zwischen Kante und Falz mittig und in gleichmäßigen Abständen mehrere Löcher gebohrt. Anschließend ziehen wir einen festen, nicht zu faserigen Bindfaden von jedem Loch aus mit einer Schlinge über die Kante und befestigen ihn mit Paketknoten. Muss man den Faden jetzt für immer sehen? Nein, schöner ist es, wenn wir ein Stück Leinen oder sehr dünnes Leder für den Buchrücken ausschneiden, sodass es für das Verdecken der Schnur reicht. Das Leder rückseitig mit Holzkleber bestreichen und nun vorsichtig anbringen. Wiederum einspannen oder mit etwas Schwerem belasten und trocknen lassen. Das Buch ist fertig!

Erkenntnisse:

Wie Bücher gemacht sind, untersuchen Kinder immer wieder gerne – oft auf Kosten des dabei demontierten Buches... Wie viel schonender und spannender ist da die eigene Buchherstellung, die vielleicht auch den Respekt vor schönen Büchern erhöht. Eine Freude, die eigenen Bilder in einer so würdigen Form betrachten zu können, ist es auf jeden Fall.

Spannend! Leichte Räume aus Schnur

Material

Schnur, Wolle

Aktionsplätze

- Baumgruppe in Wald oder Park

Gebt Kindergartenkindern eine Schnur – und sie werden eine Sperre errichten. Es erscheint natürlich, dass kleine Kinder, die so oft in unterschiedlicher Form mit Grenzen konfrontiert werden, diese gerne aktiv selbst erzeugen. Ihre Lust am Abgrenzen, aber auch am Schnüren und Knoten kommt zum Zuge, wenn sie im Wald stehend mit jeweils einem Wollknäuel ausgestattet und beauftragt werden, dieses nun zwischen Bäumen zu spannen wie ein Spinne ihr Netz.
Am Anfang sind es gerade Verbindungen zwischen zwei Bäumen, wie Weidezäune, bloß bunter. Als die Kinder beginnen, von einem Baum aus gleich mehrere Ziele mit ihrem dünner werdenden Wollknäuel

anzuvisieren, wird das entstehende Objekt dreidimensionaler und durch den Wechsel von Wollfarben auch immer bunter, als hätte jemand in die Ansicht einer Landschaft Linien mit bunten Filzstiften gekritzelt. Richtig spinnennetzartig wird die Sache, wenn man beginnt, neue Schnüre nicht nur vom Baum aus zu spannen, sondern an bereits gespannte Schnüre anknotet, die sich damit in geometrische Formen verziehen.
Das Schnurspannen ist eine meditative Angelegenheit, bei der man das Gefühl hat, das Wollknäuel führe einen. Es sorgt für eine eigenartige Raumerfahrung: Immer vertrauter wird man mit dem Ort, an dem man die Schnüre spannt, und dieser bekommt mehr und mehr den Charakter eines Raumes, dessen Wände durch all die Wollfäden gebildet werden.

Erkenntnisse:

Was braucht es, um den Eindruck eines Raumes zu erzeugen? Ziemlich wenig, erfahren die Kinder: Schon ein paar gezogene Schnurlinien reichen aus, um uns den Eindruck eines Innen und eines Außen zu vermitteln.

Holz macht stolz!

Material

- viele Holzstücke in unterschiedlichen Formen und Größen
- Feinsägen, Kastanienbohrer
- Hämmer, Nägel
- Holzkleber
- Kreppklebeband
- Stoffe, Wolle, diverse Restmaterialien

Aktionsplätze

- Werkbank mit Einspannvorrichtung, Arbeitstisch, Boden

Picasso hat es einfach drauf: Im Buch, das die Ateliererzieherin vorführt, fesseln die Kinder vor allem die einfachen und doch faszinierenden Holzskulpturen des Jahrhundertkünstlers. Ein bisschen wie Vogelscheuchen sehen diese aus: Von einer Holzplatte aus wächst eine Leiste nach oben, von der wie bei einem Baum andere Hölzer abzweigen, die grob einer menschlichen Figur ähneln. Wie bauen wir so etwas nach?
Ein ausführlicher Gang führt in die Ecke mit den Holzstücken. Es ist gut, dass diese ausreichend gefüllt ist, denn viele unterschiedliche Formen an Hölzern bringen die Kinder auf tolle Ideen: Soll die Figur aus krummen Aststücken entstehen oder nehmen wir lieber gerade Leisten?
Für das Podest, überlegen die Kinder, müsste

man eine Holzplatte nehmen und darauf ein anderes Holz stellen, an das man die große Stange anlehnen kann. Zum Befestigen nutzen sie schnell abbindenden Holzleim, den sie auf die beiden Klebeflächen aufstreichen und alles nach dem Zusammenfügen einspannen, damit es sich während der Trocknungszeit des Klebers nicht bewegen kann.

Um die Holzlatten für die Figur aneinander zu befestigen, hätte sich auch der Holzkleber angeboten. Mehr Spaß macht den Kindern aber das Verbinden mit Hammer und Nagel. Auch dafür sind viele Vorbereitungsschritte notwendig: Erst die Werkstücke miteinander verbinden – zum Beispiel durch Umkleben mit Kreppband. Dann Einspannen in die Werkbank, um nun den Nagel vorsichtig einzupieken – hier ist Vorbohren mit dem Kastanienbohrer nützlich. Erst jetzt folgt das eigentliche Hämmern, das mit viel Schwung und einem am Ende des Stiels gehaltenen Hammer erfolgen kann.

Es folgen weitere Arbeitsschritte, für die volle Konzentration benötigt wird: Das Ausmessen und Absägen der zu langen Holzleiste für die Arme, das Anbringen einer dünnen Holzplatte für den Kopf der Figur. Beim Zusammenfügen der Bodenplatte mit der Figur stellen die Kinder Gleichgewichtsprobleme fest, die erst behoben werden können, indem die Arme etwas umgebogen und eine zweite Holzplatte unter die andere geleimt wird. Da, es steht endlich! Bei all der Begeisterung darüber werden die „dekorierenden" Arbeitsschritte, bei dem die Figur durch Stoff, Wolle und Farbe ein Gesicht, Kleidung und Haare erhalten soll, fast zur Nebensache.

Erkenntnisse:

Wie schaffe ich es, dass etwas zusammenhält? Was tun, damit die Figur steht? Beim Bauen mit Holz – erst recht bei einer aufrechten Skulptur – begegnen die Kinder physikalischen Problemen, die nur mit Tüftelei zu bewältigen sind. Charakteristisch für das Arbeiten mit Holz ist, dass diese Suche nach technischen Lösungen die Kinder lange in Anspruch nimmt, weswegen die Vorhaben ästhetisch nicht allzu kompliziert sein sollten.

Ein Mosaik aus lauter Verstecken

Material

- Pappe in quadratischer Form
- Eierkartons, andere plastische Gebilde aus Pappe
- Makulaturpapier, Packpapier
- mit Erde, Sand, Ton und Sägespänen vermischte Temperafarben oder Farbpigmente
- Pinsel, Klebeband, Kleister, Heißkleber
- Ton, Tonschlicker
- diverse Modellierhölzer

Aktionsplätze

- Arbeitstisch, Fußboden

Gerne übermalen Kinder Dinge, schmieren sie dick mit Farbe zu oder packen Gegenstände in Papier ein, sodass man diese höchstens an der Form erraten kann. Bei diesem Projekt, dessen Ziel ein dekoratives Wandmosaik ist, kommt die Freude am Verstecken unter Farbe und Papier voll zum Zuge:
Jedes Kind erhält dafür eine zu gestaltende Platte, quadratisch zugeschnitten und aus stabiler Pappe, die später zum großen Wandbild zusammengesetzt werden kann. „Malen wir da drauf?", fragen die Kinder, aber der Ateliererzieher schlägt anderes vor: „Wir kleben Sachen auf, die wir dann hinter einer Schicht Papier verschwinden lassen, sodass man sie selber nicht mehr sieht, nur einen Buckel. Wie, wenn man sich unter einer Decke versteckt!" An einem Stück

Eierkarton ist das schnell demonstriert: Auf die Pappe aufgeklebt, dann ein paar Stücke raues Papier in Kleister getunkt, aufgeklebt, etwas glattgestrichen – und an der Stelle des Eierkarton-Teils erhebt sich ein Berg in der grauen Landschaft. Die Kinder legen los, suchen geeignete Gegenstände zum Verstecken und reißen jede Menge Papierschnipsel zum Bekleben. Sie merken schnell, dass sich zum Verschwindenlassen viele Dinge eignen: Eine sehr dicke Schnur, kleine gefaltete Papp-Dächer, sicherlich auch ein Baustein, aber der wäre dann für immer weg! Der Ateliererzieher zeigt daher, wie man kleine Papphäuschen bauen kann, die fast genauso aussehen. Mehr und mehr verwandeln sich die ersten Platten in packpapierbraune, zerklüftete Landschaften – und die Fantasie der Kinder macht aus den versteckten Pappteilen Tiere, die sich vor gefährlichen Raubtieren unter Sand verbergen.
Etwas bunter darf die Sache schon sein: Gut, dass der Ateliererzieher Farbe in großen Bottichen angerührt hat, aus je einem Teil Temperafarbe und wahlweise Erde, Sand, Ton oder Sägespänen. Die Farben leuchten weniger kräftig als aus der Tube, passen aber dafür gut zusammen und lassen sich vor allem hervorragend verschmieren. Es macht Spaß, die überklebten Pappgebilde mit einer neuen Schicht aus dem Farbbrei zu überkleistern, möglich ist es sogar, kleinere Hindernisse wie kunstvoll gelegte Schnüre unter der Farbe versinken zu lassen. Es dauert seine Zeit, bis die Pappstücke getrocknet sind – und durch die vielen Schichten ziemlich hart geworden sind. Aber dann ist es an der Zeit, die letzte Frage des Projekts zu klären: Welche Quadrate hängen wir nebeneinander? Am Ende erinnert eine erdig-bunte Wand im Kindergartenfoyer lange an dieses Projekt.

Erkenntnisse:

Farbe, Form und Oberflächenqualität erzeugen das Bild, was wir von Dingen haben. Kaschiert man Gegenstände wie in diesem Projekt oder übermalt sie einheitlich, fallen Farbe und Oberfläche weg – nur noch die Form lässt erraten, mit welchem Ding wir es zu tun haben könnte. Es ist spannend für Kinder, Dinge dieser Verwandlung zu unterziehen.

Kinderwerke präsentieren

Bilder nach dem Malen bis zum Jahresende ab in die Mappe und Objekte möglichst schnell loswerden? Nein, die künstlerischen Ergebnisse des kindlichen Spiels mit Stift, Farbe und Holzstück sind viel zu wertvolle Kommunikationsanlässe, um sie einfach so verschwinden zu lassen. Hier sind ein paar Atelier-Vorzeige-Ideen:

Bild der Woche, Objekt der Woche

Neben der Ateliertür ist ein Stück Wand mit Goldfarbe bemalt, eine Staffelei mit einem Schild „Bild der Woche" steht bereit oder es ist einfach eine weißlackierte Holzplatte angebracht. Hier werden jede Woche ein paar Kinderkunstwerke gezeigt, jeweils mit einem kurzen Text zur Entstehung. Niemals darf der Titel fehlen! Für Objekte wird außerdem ein kleines Postament aufgestellt, wo diese „wie im Museum" stehen.

Mitmach-Atelier für Eltern

Ausprobieren lassen ist besser als dokumentieren: Wie viel Spaß Malen, Bauen und Kneten Kindern macht, erfahren deren Eltern am besten, wenn sie es mit dem Nachwuchs gemeinsam tun. Solche regelmäßigen Atelier-Nachmittage können jeweils eine bestimmte Technik als Schwerpunkt haben, damit daraus ein tolles Kreativ-Programm wird: Im Frühling Werken mit Papas und Mamas, im Sommer ein Action Painting, im Herbst Malen mit Naturfarben, im Winter gemeinsames Basteln mit vertrauten und neuartigen Materialien.

Vernissage im Kindergarten-atelier

Kleine Häppchen schmieren, Saftgläser füllen: Das sind die letzten Arbeitsschritte bei einer halbjährlichen Ausstellungseröffnung, bei der die Kinder den Gästen (Familie, Freunde, Ortsbürgermeister, ehemalige Kinder der Einrichtung) ihre schönsten Werke präsentieren. Vorher gibt es viel zu tun: Den Inhalt der Mappen auf dem Boden auslegen und gemeinsam überlegen, welche Bilder gut nebeneinander passen würden. Wer die Einladungen beschreibt und bemalt. Und ob es Gedichte, Lieder und Tänze gibt, die den Rahmen der Ausstellung noch festlicher machen können.

Kinderkunst-Kalender

Eine schöne Tradition: Jedes Jahr erhalten die Eltern kein gebasteltes Kerzen-Objekt aus vorbereiteten Wachsplatten, sondern einen gedruckten Kalender mit Kindergarten-Kunst. Den herzustellen macht Arbeit, aber beileibe nicht unendlich viel: 12 Bilder aussuchen, unter guten Lichtverhältnissen abfotografieren, Bild eventuell zurechtschneiden und den Kalender-Service im Fotoladen nutzen. Sieht gut aus und macht mächtig Eindruck!

Im Kindi ist Kunstauktion!

20 - 30 besonders schöne Bilder und Objekte werden beim jährlichen Atelieraufräumen ausgewählt, um sie mit Passepartouts und einem Rahmen zu versehen. Familie und Verwandte, Lieferanten des Kindergartens, Trägervertreter und Menschen der Umgebung werden eingeladen zu einer Kunstauktion der besonderen Art, bei der ein Kind den Hammer schwingt. Der Erlös kommt der Einrichtung zugute.

„Zeigt her eure Bilder" – Ausstellung im Ort

Unter dem Motto „Zeigt her eure Bilder" findet in der Berliner Klax Kinderkunstgalerie seit Jahren eine jährliche Ausstellung statt, bei der jedes Kind mitmachen kann. Eine Idee, die gerne Nachahmer finden darf, zum Beispiel als Aktion mehrerer Kindergärten im Ort, die sich damit einen Namen machen.

Autoren

Michael Fink

Michael Fink ist ausgebildeter Kunstpädagoge. Er ist als Autor vieler pädagogischer Fachbücher, Berater und Dozent in der Weiterbildung von Erziehern und Lehrern tätig. Schwerpunkt seiner Arbeit ist dabei der kreativ-künstlerische Bereich: Es fasziniert ihn, wie intensiv schon ganz kleine Kinder lernen, wenn sie sich mit gestalterischen Aufgaben auseinandersetzen. Fink sucht immer wieder neue Wege, um Pädagogen Anstöße für eine veränderte Arbeitsweise zu geben, indem er ungewöhnliche Aktionsausstellungen zu pädagogischen Themen entwickelt oder auch mal die Welt der Pädagogik mit satirischen Texten auf die Schippe nimmt.

Antje Bostelmann

Antje Bostelmann ist ausgebildete Erzieherin und bildende Künstlerin. 1990 gründete sie Klax, anfangs als private Malschule und Nachmittagsbetreuung mit künstlerischem Schwerpunkt, heute ein überregionaler Bildungsträger mit Krippen, Kindergärten und Schulen in Deutschland und Schweden. Sie entwickelte die Klax Pädagogik, ein modernes Konzept, welches das Kind in den Mittelpunkt der pädagogischen Arbeit stellt und das allen Einrichtungen von Klax zu Grunde liegt. Sie entwickelt Lern- und Spielmaterialien für die Arbeit in Kindergarten und Krippe und gibt als Referentin bei Kongressen, Workshops und Fortbildungen ihre Erfahrungen und Ideen weiter. Seit 1995 hat sie zahlreiche pädagogische Fachbücher veröffentlicht, darunter viele Bestseller. Antje Bostelmann ist Mutter von drei Kindern und lebt in Berlin.

Mitwirkende Ateliererzieher und Künstler

Die in diesem Buch vorgestellten Projekte und Mal-Aktionen sind in fünf Ateliers von Berliner Klax Einrichtungen entstanden. Für die Mitwirkung an diesem Buch, besonders aber für die hervorragenden Ideen, gilt den Ateliererzieherinnen unser besonderer Dank.

Katharina Ain leitet das Atelier im Kindergarten *Elements* in Berlin-Friedrichshain. Sie hat für das Buch viele Projekte aus den Klax Ateliers zusammengetragen und Fotos ihrer kreativen Aktionen beigesteuert.

Barbara Bondzio ist Atelierleiterin im Kindergarten *Hexenkleckshausen,* ebenfalls in Berlin-Friedrichshain. Von ihr stammen so farbenprächtige Aktionen wie das Projekt mit dem Overhead Projektor oder die Mal-Aktion im Kindergarten.

Tanja Belder ist Atelierleiterin im *Regenbogenhaus*, einer Einrichtung von Klax für Vorschulkinder. Regelmäßig begibt sie sich mit den Kindern in Mal-Aktionen, Exkursionen und gemeinsamen Ausstellungsbesuchen auf die Spuren großer Künstler.

Petra Zinke ist verantwortlich für das Atelier im *Sternschnuppenhaus* im Berlin-Prenzlauer Berg. Ihre langjährige Erfahrung als Kunstpädagogin – beim Malen wie auch beim Arbeiten mit Holz – ist mittlerweile in mehrere Buch-Projekte eingeflossen.

Anette Muhrbeck sammelt nicht nur als Leiterin der *Klax Kinderkunstgalerie* immer wieder die ausdrucksvollsten Kinderbilder, sondern gibt auch in Kursen ihre Profession als hervorragende Keramikerin weiter.

Wojciech Laskowski, in Dänemark lebender Künstler und Kunstpädagoge, hat als Gast im Kindergarten-Atelier der *Elements* mit einer Kindergruppe das Projekt „Ein Mosaik aus lauter Verstecken“ durchgeführt.

Über die Klax Ateliers

„Zum Malen zu Klax!“ – so heißt es in Berlin-Pankow seit über zwanzig Jahren. Der heute über Deutschland hinaus agierende Träger von Kindergarten, Krippen, Grund-, Ober- und Fachschulen hat seine Anfänge in einem Atelier für Kinder, bei dem freies Ausprobieren und zurückhaltende Begleitung im Mittelpunkt stehen. Wenig später entstand die Klax Kinderkunstgalerie, die bis heute vor allem Bilder von Kindern und Jugendliche präsentiert – gerne auch die Ergebnisse Ihrer Ateliertätigkeit!

Klax Einrichtungen erreichen Sie unter:
www.klax-online.de / www.klax-galerie.de

DAS KRIPPENATELIER

Malen, Matschen und Gestalten mit Kindern unter 3

Krippenkinder lieben den Umgang mit Farbe, Pinsel und Malwasser, aber um das Herstellen von Bildern scheint es ihnen dabei kaum zu gehen. Was reizt die Kleinen am Umgang mit Farbe und Knete? Welches Entwicklungsbedürfnis können sie damit ausleben? In diesem Buch beschreiben wir, wie Kinder beim Malen und Gestalten versuchen, Aufschluss über die Welt um sie herum zu erhalten – ähnlich wie in freien Spielformen.

Antje Bostelmann, Michael Fink
Bananenblau 2011
116 Seiten A4, Broschur
ISBN 978-3-942334-16-7

19,80 €
inkl. MwSt.

ALLES FÜR DIE ERFOLGREICHE ARBEIT IN KRIPPE UND KITA

Bananenblau – Der Praxisverlag für Pädagogen
Bananenblau UG (haftungsbeschränkt)

Arkonastr. 45–49
13189 Berlin

Tel. 030-47796-0
Fax 030-47796-204

info@bananenblau.de
www.bananenblau.de

BANANENBLAU
Der Praxisverlag für Pädagogen

Digitale Medien im Kindergarten

Beratung, Schulung und Training für Krippen, Kita und Tagespflege

© llike - Fotolia.com

Sie möchten mit digitalen Medien in Ihrer Einrichtung arbeiten und haben Fragen wie: „Welche Ausstattung wird benötigt?“, „Welche sinnvollen Einsatzmöglichkeiten von digitalen Medien gibt es im pädagogischen Alltag?“ Oder „Wie genau funktionieren bestimmte Apps, Anwendungen, Materialien etc.?“ Dann haben wir genau das richtige Angebot für Sie. Unser Kompaktpaket „Das Ipad im Kindergarten“ richtet sich an alle Krippen, Kindergärten, Kindertagesstätten und Tagespflegen, welche sich mit neuen Medien beschäftigen und überlegen, wie man diese sinnvoll in den pädagogischen Alltag einer Einrichtung integrieren kann.

Das Kompaktpaket besteht aus 3 Bausteinen:

- Trägerberatung
- Technische Beratung
- Vorträge und Trainings

Institut für Klax Pädagogik

Arkonastr. 45-49, 13189 Berlin
Tel.: 030-477 96 105
institut@Klax-online.de
www.Klax-paedagogik.de

Eine Pädagogik für die Zukunft
Institut für KLAX Pädagogik